新譯人物志

吳家駒 注譯
黃志民 校閱

三民書局 印行

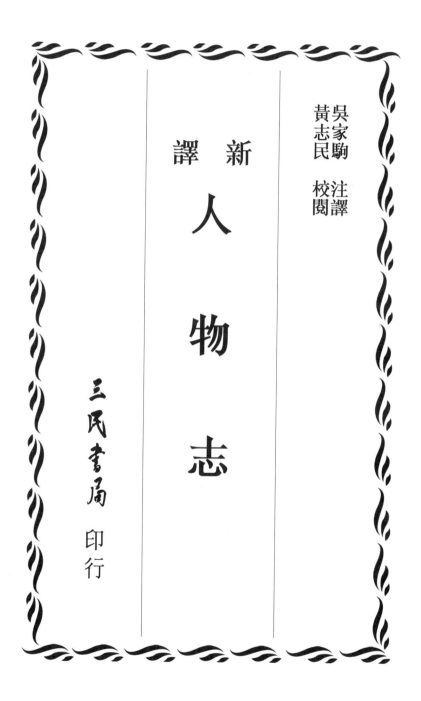

國家圖書館出版品預行編目資料

新譯人物志／吳家駒注譯;黃志民校閱.——二版四刷.
——臺北市：三民，2018
面；　公分.——(古籍今注新譯叢書)

ISBN 978-957-14-5039-1 (平裝)

1. 人物志 2. 注釋

123.11　　97005309

© 新譯人物志

注譯者　吳家駒
校閱者　黃志民

發行人　劉振強
著作財產權人　三民書局股份有限公司
發行所　三民書局股份有限公司
地址　臺北市復興北路386號
電話　(02)25006600
郵撥帳號　0009998-5
門市部　(復北店)臺北市復興北路386號
(重南店)臺北市重慶南路一段61號

出版日期　初版一刷　2003年5月
二版一刷　2008年5月
二版四刷　2018年11月修正

編號　S 032030

行政院新聞局登記證局版臺業字第〇二〇〇號

ISBN 978-957-14-5039-1 (平裝)

http://www.sanmin.com.tw　三民網路書店

刊印古籍今注新譯叢書緣起

劉振強

人類歷史發展，每至偏執一端，往而不返的關頭，總有一股新興的反本運動繼起，要求回顧過往的源頭，從中汲取新生的創造力量。孔子所謂的述而不作，溫故知新，以及西方文藝復興所強調的再生精神，都體現了創造源頭這股日新不竭的力量。古典之所以重要，古籍之所以不可不讀，正在這層尋本與啟示的意義上。處於現代世界而倡言讀古書，並不是迷信傳統，更不是故步自封；而是當我們愈懂得聆聽來自根源的聲音，我們就愈懂得如何向歷史追問，也就愈能夠清醒正對當世的苦厄。要擴大心量，冥契古今心靈，會通宇宙精神，不能不由學會讀古書這一層根本的工夫做起。

基於這樣的想法，本局自草創以來，即懷著注譯傳統重要典籍的理想，由第一部的四書做起，希望藉由文字障礙的掃除，幫助有心的讀者，打開禁錮於古老話語中的豐沛寶藏。我們工作的原則是「兼取諸家，直注明解」。一方面熔鑄眾說，擇善而從；一方面也力求明白可喻，達到學術普及化的要求。叢書自陸續出刊以來，頗受各界的喜愛，使我們得到很大的鼓勵，也有信心繼續推廣這項工作。隨著海峽兩岸的交流，我們注譯的成員，也由臺灣各大學的教授，擴及大陸各有專長的學者。陣容的充實，使我們有更多的資源，整理更多樣化的古籍。兼採經、史、子、集四部的要典，重拾對通才器識的重視，將是我們進一步工作的目標。

古籍的注譯，固然是一件繁難的工作，但其實也只是整個工作的開端而已，最後的完成與意義的賦予，全賴讀者的閱讀與自得自證。我們期望這項工作能有助於為世界文化的未來匯流，注入一股源頭活水；也希望各界博雅君子不吝指正，讓我們的步伐能夠更堅穩地走下去。

新譯人物志　目次

卷 中

卷 下

附錄

導讀

《人物志》是我國古代唯一保存下來的一部人才學專著。

作者劉邵，字孔才，三國魏廣平邯鄲（今河北邯鄲）人。約生於漢靈帝建寧（西元一六八—一七二年）年間，卒於魏正始（西元二四〇—二四九年）年間。初入仕途，為廣平計吏。建安（西元一九六—二二〇年）中赴京，受到尚書令荀彧等人的賞識，拜太子舍人，遷秘書郎。魏文帝黃初（西元二二〇—二二六年）中，為尚書郎、散騎侍郎。明帝即位，外放陳留太守。景初（西元二三七—二三九年）中，受詔為都官。正始年間，執經講學，賜爵關內侯。卒贈光祿勳。《三國志・魏書》有傳。

劉邵「該覽學籍，文質周洽」，通曉經學。曾奉魏王曹丕之命，輯集經傳，分門別類，編成中國第一部類書《皇覽》。又長於法律制度，受詔與庾嶷、荀詵等人，「刪約舊科，傍采漢律」，制訂《新律》十八篇。在文學上，劉邵也頗具才華。他的文章辭藻富麗，析理透徹。所撰〈趙都賦〉，深受明帝賞識，特命他繼續撰寫〈許都〉、〈洛都〉二賦。劉邵還精通樂律，著有《樂論》等書。凡所撰述百餘篇之多，只是大部分都已亡佚。現存除《人物志》外，尚有〈趙都賦〉、〈上都官考課疏〉等若干散篇及殘文，收入《全上古三代秦漢三國六朝文》。

在中國歷史上，人才思想源遠流長，翻開先秦典籍，諸如《論語》、《孟子》、《韓非子》、《呂氏春秋》等，都有大量關於人才思想的論述。然而遺憾的是，在很長的歷史時期內，沒有出現一部人才學的專著，這一局面直到三國時期才被打破。

據《隋書·經籍志》記載，三國時產生了一批以品鑑人物為內容的著作，如魏文帝的《士操》、魏司空盧毓的《九州人士論》、吳姚信的《士緯新書》、佚名的《通古人論》等，但由於種種原因，除劉邵的《人物志》外，都未能流傳下來（姚信的《士緯新書》一書存有少量佚文，收入《玉函山房輯佚書》）。而《人物志》以其系統縝密的人才思想，倍受古今政治家和學術界的推崇，成為中國人才學的經典之作。

為什麼三國時期會出現人才研究的高潮並產生《人物志》這樣一部重要著作呢？

首先，東漢末年，天下大亂，群雄並起，各路豪傑欲成大業者，都把網羅人才作為首要任務，得人才者得天下，成為一時共識。曹操就曾與袁紹討論過依靠什麼平定天下的問題。袁紹說：「吾南據河，北阻燕、代，兼戎狄之眾，南向以爭天下，庶可以濟乎？」曹操反駁說：「湯、武之王，豈同土哉？若以險固為資，則不能應機而變化也。」指出：「吾任天下之智力，以道御之，無所不可。」（《三國志·魏書·武帝紀一》）當時的魏、蜀、吳三方都極為重視人才。曹操曾多次頒布〈求賢令〉，反覆強調「唯才是舉」。劉備從聚眾起兵到赤壁之戰的數十年中，寄人籬下，無寸土可以立足，但為實現恢復劉氏天下的宏圖大業，四處奔走，延攬一流人才作為輔佐。甚至不惜屈尊卑身，三顧茅廬。雄踞東南的孫權也不甘落後，他遵兄遺囑，「舉賢任能，各盡其心，以保江東」。待張昭以師傅之禮，周瑜、陸遜、呂蒙之疇，入為腹心，出作股肱；魯肅、諸葛瑾諸輩，始為賓客。（《三國志・吳書・吳主傳》）誠如清人趙翼所言：「人才莫盛於三國，亦惟三國之主各能用人，故得眾力相輔，以成鼎足之勢。」（《廿二史箚記・三國之主用人各不同》）

其次，兩漢以來選官制度的弊端，此時已暴露無疑，迫切需要進行改革。

漢代選官，採取察舉與徵辟的方式。所謂察舉，就是由地方官員以「賢良」、「孝廉」等名目，將有名望與德行的人推薦給朝廷，經考核，委以官職；所謂徵辟，就是由朝廷和地方政府自上而下地徵聘人才。這兩者都以對人物品行的評論考察為依據，因此，輿論的作用至關重要。但由於政治的黑暗與腐敗，輿論基本上為世族名士所壟斷，加上賄賂請託之風的盛行，沽名釣譽之徒趨之若鶩，以致「選舉乖實」，成為普遍現象。

魏文帝時頒布「九品中正制」，將人才分為九等，由州、郡大小中正品評本地士人，上報朝廷錄用。制定這一制度的初衷，「蓋以論人才優劣，非謂世族高卑」（《資治通鑑》卷一百二十八），但由於擔任中正的官員多為大族名士，他們的私家操縱反而因此獲得合法地位。九品中正制的實施，並未改變「下品無高門，上品無賤族」（《宋書・恩倖傳序》）的格局，反而引起新的矛盾，因此受到眾多非議。人才選拔，出路何在？一時成為統治階層與士人關注的焦點。

第三，劉邵所處的時代，思想領域內發生了重大變化，西漢以來「罷黜百家，獨尊儒術」的一統格局在漢魏大動亂中受到嚴重衝擊，經學衰微，道、法、名、陰陽、兵等家復興，學術領域出現了又一次爭鳴的高潮。在這次高潮中，名家重新受到重視。名家又稱形（刑）名之家，或稱辯家，是戰國時期諸子百家之一。而此時的「名家」學說，又在漢末清議的基礎上發展為儒道兼綜的名理之學。主張考核名實，辨名析理。在人才品藻上更注重於名實之辯，並由對具體人物的評議逐漸轉向對抽象理論的探討。這一時期出現了不少與人才選拔有關的著述或政令法規，如徐幹的《中論》、劉廙的《政論》、曹操的〈求賢令〉、諸葛亮的《兵要》、陳群的《九品官人法》等。

漢末以來品評人物的活動經過長時的積累，需要加以總結，而曹魏政權對人才的需求，又迫切需要進行理論上的探索與指導，正是在這一背景之下，劉邵的《人物志》應運而生。

《人物志》的成書時間，文獻無確切記載，據推測，似應告竣於魏正始年間。因為此前的景初中，劉邵曾奉詔作《都官考課》七十二條，但這一考課法在朝廷討論時受到大臣傅嘏等人的激烈反對。他們指責劉邵：「本綱未舉而造制未呈，國略不崇而考課是先，懼不足以料賢愚之分，精幽明之理也。」（《三國志・魏書・傅嘏傳》）傅嘏的指責，並非沒有道理，因為用人方面的流弊，本源於政治制度與官制建設上的偏差，不從根本上入手，而只是孤立地在綜核名實上做文章，未免有捨本逐末之嫌。而劉邵在《人物志》一書中，多處探討了理想政治問題，並以周代官制為依據，區分人才類別，例舉著名歷史人物為各類人才的代表，這似乎是對傅嘏等人指責的一種回答。從這一點來說，《人物志》理應成書於《都官考課》之後。另一方面，正始年齊王曹芳登位，作為前朝老臣，劉邵未受重用，於是執經講學，因有比較充裕的時間總結長期以來人才研究的成果，著書立說。

《人物志》分為上中下三卷。書前自序，闡述了撰寫《人物志》的思想動機和理論依據，指出：「知人」，是賢明君主聰明才智的顯著標誌和最寶貴的品質。因為只有正確地識別人才，才能合理地使用人才，使「眾才得其序，而庶績之業興矣」。正文分成十二篇，每篇獨立命題，從不同的側面論述人才問題。下面，試對其思想內容作一些歸納和分析。

一、才性鑑定的基本原理

才指才能，性指情性，即人的禀賦、氣質等性格特徵。關於才性問題的討論，是古代哲學、心理學、人才學上的一個重要內容，特別是魏晉時期，圍繞這一課題曾爆發過一場大辯論。辯論依觀點的不同分成四派，鍾會曾總結這場辯論，寫成《四本論》，可惜此書已經失傳。劉邵是參加辯論的代表人物之一，而他的《人物志》從某種意義上說，就是一部以品鑑人物才性為內容的著作。

由於人是極其複雜的認識對象，這就帶來一個能否認識、鑑定的問題。劉邵從哲學的高度，對此作出了明確的回答。他說：「人物之本，出乎情性」，儘管「情性之理，甚微而玄」，但仍然是有跡可尋的。因為，「凡有血氣者，莫不含元一以為質，稟陰陽以立性，體五行而著形。苟有形，質猶可即而求之。」劉卲繼承了先秦樸素唯物主義的宇宙生成觀，認為人的血氣、形體都是由元氣構成，由陰陽、五行決定的，物質先於精神，精神依託於形體。

具體地說，劉卲認為人體的筋、骨、血、氣、肌五物對應金、木、水、火、土五行。「五物之實，各有所濟」，形成弘毅、文理、貞固、勇敢、通微五種相應的素質，稱五質。五質象徵仁、禮、信、義、智五種恆定不變的道德準則，稱五常。五常又表現為「溫直而擾毅」、「剛塞而弘毅」、「愿恭而理敬」、「寬栗而柔立」、「簡暢而明砭」五種品德，稱五德。劉卲認為，才本於質，一個人，不管如何「體變無窮」，都依乎「五質」。所有見乎形容，著乎聲色，發乎情味的剛、柔、明暢、貞固等徵象，都是「五質」的具體表現。他說：「物生有形，形有神精。能知精神，則窮理盡性」，因此，才性鑑定具有可行性。

進一步，劉卲將人的外部徵象與內在質性之間的聯繫歸納為九個方面：「平陂之質在於神，明暗之實在於精，勇怯之勢在於筋，彊弱之植在於骨，躁靜之決在於氣，慘懌之情在於色，衰正之形在於儀，態度之動在於容，緩急之狀在於言」，是謂「九徵」。

「九徵」說的基本思想是：人的心理品質會通過形體的外部活動表現出來，因此，人物鑑定可以通過觀察人的外在表現推知其內在的質性，這是符合認識規律的。但劉卲的理論也有一些不盡合理的地方，如筋與勇怯、骨與強弱，並不一定都有必然的聯繫。機械地看待它們之間的關係，就否認了心理品質的社會屬性而帶有某種生理決定論的錯誤，這是必須注意的。但儘管如此，九徵說基本的原理還是具有價值的。

二、人才的分類與品評標準

劉邵依據人物才性各異的特點，將人才分為「三類」、「十二才」。

「三類」，指品德高潔的兼德之人，德才兼備的兼才之人和才高德下的偏才之人。兼德之人，「九徵皆至」，具有中庸之質，屬於君主之才，是為聖人；兼才之人，九徵「具體而微」，是臣才中的傑出人物，可領總管之任，不失「大雅」之稱；偏才之人，具備「九徵」之一，其德與中庸無涉，其才工於治事，是能勝任某一方面職務的人臣之料，因名「小雅」。

這三類人物，可粗略歸納為君才與臣才二種類型。臣才是《人物志》探討的重點，「十二才」就是劉邵以治國人才的不同特點和國家的重要職位為依據，對為臣之才所作的具體分類。他們是：清節家、法家、術家、國體、器能、臧否、伎倆、智意、文章、儒學、口辯和雄傑。這十二種人才質性不同，才能不同，所任官職亦應有所區別：清節家，「德行高妙，容止可法」，可擔師氏之任，掌管教育；法家，「建法立制，彊國富人」，可擔司寇之任，掌管刑法；術家，「思通道化，策謀奇妙」，可擔三孤之任，掌以廟謨；國體，「兼有三才，三才皆備」，可擔三公之任，掌以相印；器能，「兼有三才，三才皆微」，善理庶務，可擔冢宰之任；臧否，「不能弘恕，好尚譏訶，分別是非」，可擔師氏之佐；伎倆，「不能創思遠圖，而能受一官之任，錯意施巧」，可擔司空之任；智意，「不能創制垂則，而能遭變用權，權智有餘，公正不足」，可擔司空之佐；文章，「能屬文著述」，可擔國史之任；儒學，「能傳聖人之業」，可擔安民之任；口辯，「辯不入道，而應對資給」，可擔行人之任；雄傑，「膽力絕眾，才畧過人」，可擔將帥之任。

從上述分類中我們不難看出：第一，劉邵關於治國人才的劃分是以「德、法、術」三種才能為主線展開的。十二才中，前八種皆以「三才」為本，長於治事，但又有主次之分。其中，臧否、伎倆、智意、器能分別是清節家、法家、術家、國體的次流。後四種則專長於某一領域，屬專家型人才。第二，劉邵劃分人才類型的目的非常明確，那就是為了正確地使用人才，充分發揮各類人才的特點和作用，以共同治理好國家。

在類分和品評人才的標準上，《人物志》遵循什麼樣的原則呢？

首先，劉邵以中庸為人才的最高標準。他說：「凡人之質量，中和最貴矣。」他認為具有中庸品質的人，「五質內充，五精外章」，「陰陽清和，則中叡外明」，是最為理想的人物，因稱之為聖人，是為君主之才。

其次，劉邵堅持仁德與才智並重的原則。東漢選才，以德為先，墮入流弊。劉邵在重視德行的同時，充分強調人的才能智慧。縱觀《人物志》，談論最多的就是偏才。而在人臣之中，劉邵最推崇國體之人。因為國體之人德才兼備，「能言能行，故為眾才之雋」。劉邵認為，惟有這種仁德與才智結合完美的人，才能擔當宰相之任，安邦治國平天下。

第三，劉邵提出平淡與聰明兼備的人才思想。他說：「聖賢之所美，莫美乎聰明。」又說：「先察其平淡，而後求其聰明。」聰明指一個人富有才能智慧；平淡則可理解為鋒芒內斂，不爭不伐，大智若愚，澹泊明志。「平淡」二字，看似無奇，其實包蘊著豐富的內涵。平淡不是平庸，不是無所作為，而應是「絢爛之極，歸於平淡」的那種平淡，是一個人才能品行均衡發展到至高層次所自然顯現出來的平和之質。劉邵的這一觀點，閃爍著辯證思維的光芒。

需要指出的是，劉邵關於中庸的理論並不等同於儒家的學說。他說：「中和之質，必平淡無味，故能調成五才，變化應節。」又說：「夫中庸之德，其質無名。故鹹而不鹻，淡而不醴……」，這和老子的言論：「道之出口，淡乎其無味，視之不足見，聽之不足聞，用之不足既」（《老子‧第三十五章》），如出一轍。顯然，劉邵在解釋儒家中庸之道時，摻入了道家無名的思想。在他看來，只有具備澹泊情懷的人，才能包容各方力量，成就宏偉事業。這反映了曹魏時期各家思想融合的時代風貌。

三、識別人才的方法和途徑

如何識別人才？劉邵提出「三談」、「五視」、「八觀」、「九徵」等方法，其中，「八觀」法和「五視」法都具有較高價值。

所謂「八觀」，一是「觀其奪救，以明間雜」；二是「觀其感變，以審常度」；三是「觀其志質，以知其名」；四是「觀其所由，以辨依似」；五是「觀其愛敬，以知通塞」；六是「觀其情機，以辨恕惑」；七是「觀其所短，以知所長」；八是「觀其聰明，以知所達」。

「八觀」法從人的道德心理狀況入手，觀察人的行為舉止、情感變化、愛敬態度諸方面，由表及裡，多方位，綜合性地考察一個人的才性特徵，有許多獨到之處。如，「八觀」法主張從情感的「常」與「變」之中去觀察人物，從人的短處著眼去發現其長處，都有其特色。「八觀」法還提出了對「間雜」、「依似」之人加以甄別的觀點。「間雜」之人，「一至一違」，善惡相混，缺乏純正的品性；「依似」之人，似是而非或似非而是，外部徵象與內在品質不統一。劉邵認為，必須將這兩類人從人才之列中剔除出去。東漢以來，品評人物注重名教，士子倣效孝子孝行，缺乏真情實感。有人認為，劉邵對這兩種人的批評，實際上是對當時社會風氣的針砭和抨擊。

所謂「五視」法，即：「居，視其所安；達，視其所舉；富，視其所與；窮，視其所為；貧，視其所取。」「五視」法強調將人放在特定的環境之中進行考察。由於特定的環境更能反映一個人的自然品行，這就避免了初步的表面印象可能給人帶來的片面認識。就這一點來說，「五視」法比「八觀」法更為深刻。

四、人才選拔中的失誤與障礙

劉邵指出，在鑑別和選拔人才的過程中，會產生種種失誤，必須加以警惕，他將這些失誤歸納為七種形式，名曰「七繆」。

所謂「七繆」，一是「察譽有偏頗之繆」，即觀察人才時會被其外界的聲譽所誤導；二是「接物有愛惡之惑」，即與人接觸中，會因自己主觀上的好惡而影響到對對方的評價；三是「度心有小大之誤」，即揣度一個人的志向時，如不善察，會誤認其大小；四是「品質有早晚之疑」，即人才不同，成有早晚，看不到這一點，就會產生偏差；五是「變類有同體之嫌」，即同類之人，常患過譽，但在「性同而勢鈞」的情況下，則易「相競而相害」；六是「論才有申壓之詭」，即論才時會因對方財富等條件的不同而產生拔高或壓抑的現象；七是「觀奇有二尤之失」，即對待奇異之人，會因「尤妙之人」含精於內，「尤虛之人」巧飾虛華而造成判斷上的失誤。

「七繆」說告訴我們：觀察與識別人才，不能信耳而不信目，人云亦云；不能帶著自己個人感情上的偏好，或夾雜自己利益上的考慮，以「己」為標準；也不能為對方的財富、地位所左右，那樣勢必有失公允。而必須透過現象，深入本質，以發展的眼光，客觀全面地考察人物，才能克服主觀片面性，識別真正的人才。

識別人才是一大難題，經識別的人才能否得到任用是又一大難題。因為各種各樣的因素，會阻礙人才的合理使用。劉邵羅列這些因素有：或被識者尚在年少貧賤之中，「未達而喪」、「未拔而先沒」；或被識者曲高和寡，非為時尚所好，得不到眾人的讚許；或舉薦者人微言輕，不為當局所重；或舉薦者不在其位，難以薦舉；或雖在其位，但屈從於外界壓力，使人才無由得拔。劉邵因此浩嘆：良才要得到當權者的識拔，實在是太困難了！

五、人才的道德修養與處世準則

劉邵十分重視人才的道德修養，〈釋爭〉篇中，他專門討論了人才的修養問題。他認為，人才應當胸懷寬廣，「內勤己以自濟，外謙讓以敬懼」，而不應當驕傲自滿，自吹自擂。他說：「善以不伐為大，賢以自矜為損。」並以舜、湯、郄至、王叔等人的事例說明不伐與自矜的利弊。一個人，謙遜識禮，就會為人所重，促進事業的發展；而狂妄自大的人是不受歡迎的，到頭來只會處處碰壁，自毀前程。劉邵總結說：「卑讓降下者，茂進之遂路也；矜奮侵陵者，毀塞之險途也。」在人與人相處中，他強調互相理解、互相寬容，而不是「內恕不足，外望不已」，對己放任，對人苛求。他說：如果我做得不夠而對方輕視了我，那是因為我理虧而對方正確；如果我賢明但對方不了解因而輕視了我，那不是我的過錯；如果對方有賢德而居於我前，那是因為我的德行與之比較還有欠缺；如果彼此德操均等而對方居於我先，那就說明我的修養還略次於對方：這有什麼可以怨恨的呢？

六、關於「英雄」的論述

《人物志》中專門開闢了〈英雄〉篇。對「英雄」的含義，劉邵解釋說：「夫草之精秀者為英，獸之特群者為雄。故人之文武茂異，取名於此。是故聰明秀出謂之英，膽力過人謂之雄。」「英」與「雄」是兩種不同的素質，互相聯繫，不可割裂，只是具體在一個人身上有所偏重。英才偏重於智慧計謀，雄才偏重於勇氣膽力。然而，不論是英才還是雄才，都只是偏至之才，只能充擔人臣之任。英才如張良，雄才如韓信。英才可以為相，雄才可以為將，各有所宜，不可混淆。

在一個人身上，同時具備「英」與「雄」素質的便是「英雄」。由於英雄人物能同時得到英才與雄才的擁戴，所以能夠駕馭眾才，成為領袖人物，劉邦、項羽便是其代表。

在「英」與「雄」二種素質中，劉邵更看重「英」的素質，他說：「鈞才而好學，明者為師。比力而爭，智者為雄。」他分析說：劉邦與項羽都具有英雄本色，項羽「氣力蓋世，明能合變」，但「英分少」，聽不進不同意見，「有一范增不用，是以陳平之徒皆亡歸」。劉邦「英分多，故群雄服之，英才歸之，兩得其用」，所以能夠吞秦破楚，宅有天下。

漢末戰亂，豪俊並起，是一個「創大業則尚英雄」的時代，但關於英雄的概念較為混亂，劉邵的〈英雄〉篇正是對這一歷史論題的系統闡述。

七、君才特質臣才各宜的君臣觀

劉邵把人才分為君才和臣才二種類型，他理想中的君才具有特殊的才質，這就是〈九徵〉篇中的「中和之質」、〈體別〉篇中的「中庸之德」、〈才能〉篇中的「人君之能」和〈英雄〉篇中的「英雄」素質。君才的特點是「聰明平淡」，這好比水，水以無味，故五味得其和；君體平淡，故百官為其用。

劉邵認為，衡量君主與臣下才能的標準是不同的：「臣以自任為能，君以用人為能。臣以能言為能，君以能聽為能。臣以能行為能，君以能賞罰為能。」劉邵所說的君才相當於我們今天所說的通才，或全局之才。他們不一定要具備某類人才的專長，但必須善識明鑑，賞罰分明。必須能統攝和駕馭百官，使英才悅服，雄才擁戴。因此，君才要有比臣才更高的才質與修養，他們就是劉邵所說的聖人或英雄。

臣才則不然，臣才的標準應體現在善於任事、能出色履行職責上。由於人的稟賦不同，才能各異，因此，劉邵主張「任政亦異」。他依據德、法、術三個方面，將人臣之才分為清節家、法家、術家等十二種類型，分別說明這些類型人才所宜擔任的職務。他主張根據每個人的特點發揮其長處。他舉例說：有人認為烹牛之鼎不可以煮雞，大才之人不可以做小事，這種說法是不妥當的。事實上，烹牛之鼎也可以用來煮雞，大才之人也可以用來做小事，只是這樣的安排是一種人才使用上的浪費。正確的做法應該是：大器大用，小器小用；大才大用，小才小用，使其各得所宜。因此，他特別強調知人善任的重要性，指出：「量能授官，不可不審也。」認為這是用人的一條基本原則。

劉邵認為，君主賢明，臣下盡職，君臣合作，就能治理出一個太平盛世，這就是所謂的「主道得而臣道序，官不易方，而太平用成」。

八、《人物志》的局限性

作為一千七百多年前的思想家，劉邵對人才的研究必然帶著時代的烙印，這是不可否認的。他摒棄了以往分析人物質性時慣用的「性惡」、「性善」、「性三品」以及西漢以來流行的「天人感應」的陳辭，代之以元氣、陰陽、五行學說，具有樸素唯物主義的成分。但他又把這一思想發展為天賦本質決定論，認為人的才質是由人所稟受的陰陽五行的成分決定的，聖人天生就是聖人，偏至之才，雖「教之以學」，「訓之以恕」，其性不可轉移。這就否認了社會實踐和後天教育對人的影響，陷入了唯心主義和形而上學的泥淖。

東漢末年，骨相學盛行，其中心思想是：「人命稟於天，則有表候見於體，察表候以知命，猶察斗斛以知容矣。」（漢王充《論衡・骨相》）「九徵」說在一定程度上受到骨相學的影響。劉卲認為，人的情性寄託於形體之中，只要掌握人體的外部特徵，就可以了解人的才性特點。如，通過察「神」，可以知人的平陂之質；察「精」，可以知人的「明暗之實」；察「骨」，可以知人的「強弱之植」等等。人的精神活動與人的形體特徵固有一定的聯繫，然而，將這種聯繫絕對化，視為鑑別人物的必由途徑，則失之於一端。

在認識人才的過程中，劉卲十分崇尚言談，他特別強調，對待「國體之人」，「談不三日不足以盡之。一以論道德，二以論法制，三以論策術，然後乃能竭其所長，而舉之不疑。」他的這一理論，對魏晉清談玄學之風起到了推波助瀾的作用。孔子早就說過，「聽其言而觀其行」，劉卲卻認為通過長時間的交談就可以識別人才，這無疑是一種認識上的倒退。

劉卲在漢末有關「英雄」討論（如王粲的《漢末英雄記》）的基礎上寫成了〈英雄〉篇。篇中，他追溯了「英雄」稱謂的來歷，剖析了「英雄」的素質結構和各自不同的政治前途，為「英雄」下了明確的定義，可以說是一篇富含哲理、膾炙人口的範文。但我們也不得不指出，劉卲的這篇文章，明顯帶有英雄史觀的色彩。

劉卲撰寫《人物志》的目的是為統治階級選拔人才制訂標準，他注重人才的德才皆備，但又首推中庸之德，可見他仍然沒有完全擺脫兩漢察舉以德選人的窠臼。

但瑕不掩瑜，所有這些都遮蓋不了《人物志》博大精深的人才思想。它的學術價值與歷史地位是毋庸置疑的。

《人物志》成書之後，至東晉十六國時，劉昞為之作注。昞字延明，後魏敦煌（今甘肅敦煌）人。涼武昭王徵為儒林祭酒、從事中郎。劉昞的注解，「不涉訓詁，惟疏通大意，而文詞簡古，猶有魏晉之遺」（《四庫全書總目提要》）。在劉昞之後很長的一段年代中，《人物志》幾乎湮沒無聞，惟唐劉知幾《史通・自序》和唐李德裕《李衛公集・窮愁志》有所稱述，此外，罕有論及者。北宋時，阮逸惜其「自魏至宋，歷數百載，其用尚晦而鮮有知者」，為之作序。序中稱得之於史部，則實不知乃魏晉形名家言。此外，宋庠作有跋語，跋中辨證《三國志・魏書》中劉劭之名應改「劭」為「邵」。

《隋書・經籍志》列《人物志》於名家類。《四庫全書總目提要》稱：「其書主於論辨人才，以外見之符，驗內藏之器，分別流品，研析疑似……其學雖近乎名家，其理則弗乖於儒者也。」

《人物志》歷來為學界稱譽，宋阮逸讚其「研幽摘微，一貫於道……王者得之，為知人之龜鑑；士君子得之，為治性脩身之檃括」。王三省則云：「修己者得之以自觀，用人者持之以照物。」清代學者臧玉林將它與劉勰的《文心雕龍》、劉知幾的《史通》並稱為「三劉之書」，也是對其學術地位的首肯。近代學者與政治家都十分重視這部著作，曾國藩就曾將其置之案頭，朝夕研磨，視為識人用人之本。一九三七年，美國著名心理學家施賴奧克(J. K. Shryock)將《人物志》譯成英文，取名《人類能力的研究》，由美國東方學社出版，一時暢銷歐美，風靡海外。

當然，以今天的眼光來審視這部著作，確實也存在許多陳舊過時的東西，這是由其時代特點決定的。但我們同時應該看到，書中的許多思想，如躬親考察、知人善任、量才用賢、揚長避短、建立合理的人才結構，以及加強自身修養、正確處理人際關係等觀點，對現代社會仍然具有借鑑意義，因此，它才如此為政界、企業界、學術界所青睞。相信閱讀這部著作，對於了解中國古代的人才思想、了解魏晉之際學術思想的嬗變，以及對於現代人才思想的研究，都是不無裨益的。

《人物志》在宋以前即有傳本，北宋時又作刊定。明代正德、嘉靖、隆慶、萬曆年間均有刻本。清代收入《四庫全書》及其他多種叢書。此次整理，以《四部叢刊》影印明正德刊本為底本，以《漢魏叢書》本、《四部備要》本等相校勘，並對全書作了注譯和評析。由於本人學識有限，加上其書客觀上存在一些「脫落難讀」（清鄭旻〈重刻人物志跋〉）之處，因此，不足與謬誤在所難免，在此，至祈各方教正。

吳家駒　修改於南京師範大學

二〇〇三年二月十日

人物志自序

夫聖賢之所美❶，莫美乎聰明❷；聰明之所貴，莫貴乎知人❸。知人誠智，則眾才得其序❹，而庶績❺之業興矣。是以聖人著爻象❻，則立君子❼小人❽之辭；敘《詩》志❾，則別風俗雅正❿之業；制禮樂⓫，則考六藝⓬祗庸⓭之德；躬南面⓮，則援⓯俊逸⓰輔相⓱之才：皆所以達眾善而成天功⓲也。

【注釋】❶美　讚美；稱道。❷聰明　原指視聽靈敏，引申為明察事理，穎悟叡智。《尚書・堯典》：「昔在帝堯，聰明文思，光宅天下。」孔穎達疏：「言聰明者，據人近驗，則聽遠為聰，見微為明。……以耳目之聞見，喻聖人之智慧，兼知天下之事。」❸知人　了解人；識別人。❹序　次序；等級次第。❺庶績　謂各種事業。❻爻象　爻是《周易》中組成卦的符號，「⚊」為陽爻，「⚋」為陰爻，六爻相交成卦；爻象即卦所表示的形象。又稱《周易》中的爻辭和象辭為爻象。相傳伏羲氏制作八卦，所以本書說「聖人著爻象」，然無確據。❼君子　原指統治者或貴族男子，引申為才德出眾的人。❽小人　與「君子」相對，即庶民。引申為見識低下、行為鄙賤的人。❾敘詩志　陳述《詩》的意旨。《詩》，即《詩經》，中國第一部詩歌總集，成書於春秋時代。志，感情；意志。《尚書・堯典》：「詩言志，歌永言。」❿風俗雅正　指《詩經》中的〈國風〉和〈大〉、〈小雅〉，即民歌（俗）與雅樂（正）。孔子刪訂《詩經》，在篇章類目上作了調整，使風、雅、頌各歸其類。⓫禮樂　禮儀與音樂的合稱。相傳周公制定禮儀，使尊卑有序，遠近和合。《論語・泰伯》：「興於《詩》，立於禮，成於樂。」⓬六藝　古代貴族子弟學習的六種科目，即禮、樂、射、御、書、數。漢以後也指儒家的六部經典著作：《禮》、《樂》、《書》、《詩》、《易》、《春秋》。⓭祗庸　恭敬而守恆常之道。祗，敬。庸，有常。⓮躬南面　謂居帝王之位。躬，身體；親身。南面，古代以坐北朝南為尊，因以居帝王或諸侯之位稱南面。《周易・說卦》：「聖人南面而聽天下，向明而治。」⓯援　援引；選拔。⓰俊逸　俊美灑脫，超群拔俗。⓱輔相　輔佐。⓲天功　上天要完成的功業。古人認為天是萬物的主宰，天的意志由人去完成，就叫做天功。

【語　譯】聖賢值得人們稱道的地方，莫過於他們的智慧；而其智慧的可貴之處，又莫過於能夠識別人才。如果真的具備了識人的慧眼，那麼，各種人才就可以按其等級得到任用，各項事業也就會興盛發達起來。因此，古代聖人制作爻象時，就設定了君子和小人各自的言辭；闡述《詩經》意旨時，就區分了民歌和雅樂的不同功用；制禮作樂時，就考察了「六藝」和恭敬守常的道德；身居帝王之位，就去選拔傑出的人才來輔佐國政。所有這些，都是為了充分發揮每一個人的優點和長處，以完成上天所賦予的功業。

天功既成，則並受名譽。是以堯❶以克明俊德❷為稱，舜❸以登庸❹二八❺為功，湯❻以拔有莘之賢❼為名，文王❽以舉渭濱之叟❾為貴。由此論之，聖人興德，孰不勞聰明於求人，獲安逸於任使❿者哉？

【注釋】❶堯　傳說中的上古部落首領，號陶唐氏，名放勳，史稱唐堯。❷克明俊德　謂能識別人才。克，能。明，明察。俊德，才德出眾的人。《說苑．君道》：「當堯之時，舜為司徒，契為司馬，禹為司空，后稷為田疇，夔為樂正，倕為工師，伯夷為秩宗，皋陶為大理。」舜、契、禹、后稷等，皆為賢才。❸舜　傳說中的上古部落首領，號有虞氏，名重華，史稱虞舜。唐堯之子不肖，傳位於舜。❹登庸　選拔任用。庸，用。❺二八　「八元」、「八愷」的合稱。傳說高陽氏有子八人，稱「八愷」；高辛氏有子八人，稱「八元」，咸有美譽。舜舉用「二八」，內平外成。❻湯　成湯，又稱武湯、武王、天乙。契的後代，子姓，名履。商朝的開國君主。❼有莘之賢　指伊尹。名伊，尹為官名。傳說為奴隸出身，原是湯妻有莘氏女的陪嫁之臣。湯授以國政，伊尹相湯滅夏而有天下。❽文王　周文王，商末周族首領，姬姓，名昌。在位期間，舉賢任能，國勢大盛。❾渭濱之叟　指呂尚。姜姓，字子牙。相傳呂尚垂釣於渭水之濱，時年七十有餘。文王出獵相遇，與言大悅，同載而歸，立為師，號太公望。後輔武王伐紂滅商。❿任使　任用。

【語譯】一旦大功告成，盛名美譽便會隨之而來。所以，唐堯因明識才德之士而受到人們的頌揚，虞舜因擢用「八愷」、「八元」而獲得事業上的成功，成湯因選拔有莘氏賢士伊尹而名聞天下，周文王因重用在渭水邊垂釣的呂望而為人尊崇。由此而論，聖人要想興盛德業，沒有哪一個不是費盡心智去尋覓人才，將國家重任託付給他們而獲得長治久安的？

是故仲尼❶不試❷，無所援升❸，猶序門人❹以為四科❺，泛論眾才以辨三等❻。又歎❼中庸❽，以殊❾聖人之德；尚德❿，以勸⓫庶幾⓬之論；

訓六蔽⑬，以戒偏才⑭之失；思狂狷⑮，以通⑯拘抗⑰之才；疾⑱悾悾⑲而無信，以明為似⑳之難保。又曰：察其所安，觀其所由㉑，以知居止㉒之行。人物之察也，如此其詳。是以敢依聖訓㉓，志序人物，庶㉔以補綴㉕遺忘。惟博識君子裁覽㉖其義焉。

【注釋】❶仲尼　即孔子。孔子名丘，字仲尼。❷不試　不被任用。孔子周遊列國，其主張得不到各國君主的賞識，因而未被任用。《論語・子罕》：「吾不試，故藝。」❸援升　提拔；推舉。❹序門人　按序排列弟子。門人，弟子。❺四科　謂孔門德行、言語、政事、文學四科。《論語・先進》：「德行：顏淵、閔子騫、冉伯牛、仲弓；言語：宰我、子貢；政事：冉有、季路；文學：子游、子夏。」《後漢書・鄭玄列傳》：「仲尼之門，考以四科。」❻三等　謂「生而知之」、「學而知之」、「困而學之」三個等第。《論語・季氏》：「孔子曰：生而知之者，上也；學而知之者，次也；困而學之，又其次也；困而不學，民斯為下矣。」❼歎　讚許；讚嘆。❽中庸　孔子的政治、道德標準。中，不偏不倚；無過無不及。庸，平常。《論語・雍也》：「中庸之為德也，其至矣乎！」❾殊　區分；特出。❿尚德　崇尚德行。⓫勸　勉勵。⓬庶幾　差不多。此指好學可造之才。⓭訓六蔽　解說不學儒家經典而造成的六種弊端。訓，訓釋；解釋。蔽，弊端。《論語・陽貨》：「好仁不好學，其蔽也愚；好知不好學，其蔽也蕩；好信不好學，其蔽也賊；好直不好學，其蔽也絞；好勇不好學，其蔽也亂；好剛不好學，其蔽也狂。」⓮偏才　只有某一方面才能的人。⓯狂狷　謂激進與保守。《論語・子路》：「子曰：不得中行而與之，必也狂狷乎！狂者進取，狷者有所不為也。」狂與狷，皆失之偏頗。⓰通　疏導；疏通。⓱拘抗　拘謹與亢進。抗，通「亢」。⓲疾　厭惡；憎恨。⓳悾悾　誠懇貌。《論語・泰伯》：「子曰：狂而不直，倜而不愿，悾悾而不信，吾不知之矣。」⑳為似　同「偽似」。貌似忠厚而心懷不端。㉑察其所安二句　《論語・為政》：「子曰：視其所以，觀其所由，察其所安，人焉廋哉！人焉廋哉！」㉒居止　猶言起居行動。㉓聖訓　聖人的訓誨。㉔庶　希望。㉕補綴　補充連綴。㉖裁覽　品評；鑑別。

【語　譯】所以，孔子未被列國諸侯重用，無從選賢任能，但他還是根據弟子的不同特點，將他們分成德行、言語、政事、文學四種類型；廣泛地論述人才，辨明「生而知之」、「學而知之」、「困而學之」三個不同的等第。他又讚許中庸，以突出聖人的德行；崇尚德行，以勸勉好學可造的人才；解析困惑人的六種弊病，以警戒偏才的缺失；指出激進與保守兩種性格的偏執，用以疏導拘謹和亢進兩種類型的人；厭惡那些貌似誠懇卻不講信用的人，以說明：表面忠厚老實而心懷不端的人是難以信託的。又說：考察一個人，要看他安心做些什麼，是如何去做的，由此了解他的為人。聖人觀察人如此詳盡，所以，我才敢冒昧地依照聖人的訓誨，記錄和序列人才品第，希望藉此補充一點前人遺忘的東西，請博學多識的君子裁鑑品評其中的含義。

【研　析】三國時期是一個人才輩出的時期，各國統治者為了壯大自己的力量、削弱敵對的勢力，都把網羅人才作為首要任務。得人才者得天下，成為一時共識。而招攬人才存在一個如何鑑識的問題，〈人物志自序〉正是從這一點切入來展開討論的。

文章首先說明識別人才的重要意義：「夫聖賢之所美，莫美乎聰明；聰明之所貴，莫貴乎知人。知人誠智，則眾才得其序，而庶績之業興矣。」作為賢明的君主，最寶貴的才智就在於「知人」。所謂「知人」，即正確地識別人才，這是安邦治國平天下的關鍵所在。劉邵不僅從理論上闡明了為政之要在於得人，得人之要在於知人的道理，還例舉唐堯、虞舜、商湯、周文王「援俊逸輔相之才」的事例，證明：大凡成功的事業，都是和君主知人善任分不開的，進而提出用人者「勞聰明於求人」、「獲安逸於任使」、「身不勞而治天下」的治國思想。

接著，劉邵引用孔子的人才觀，闡明自己的思想依據和寫作意圖。

孔子生活在「禮崩樂壞」、「天下無道」的春秋時期，深感匡扶亂世首先要解決的是人才問題，為此發出「才難」的感嘆，提出「舉賢才」的主張。他將弟子分為德行、言語、政事、文學四種類型，又將人才分成生而知之、學而知之、困而學之三個等第，以中庸作為衡量人才的最高準則。他認為人的認識存在著六種蔽塞的現象，激進和保守皆偏於一執。他說：貌似忠厚的人並不可信，要真正認識一個人，必須「察其所安，觀其所由，以知居止之行」……通過這些論述，我們不難看出，孔子是多麼重視對人才的考察與甄別。

由此，劉邵表明要依照聖人的訓誨，效倣先哲的做法，序列人才，補綴遺闕。

需要指出的是，劉邵關於「中庸」的理解，並不完全等同於儒家的觀念，這一點在後面篇章的分析中將會論及。

卷上

九徵第一

蓋人物❶之本❷，出乎情性❸。情性之理，甚微❹而玄❺，非聖人之察，其孰能究之哉？凡有血氣❻者，莫不含元一❼以為質，稟❽陰陽❾以立性，體❿五行⓫而著形。苟有形，質猶可即而求之。

【注釋】❶人物　謂人才。將人分成若干品類，故稱人物。物，品類之義。❷本　根本；基礎的東西。❸情性　謂本性。具體地說，性指人或物的自然屬性，是與生俱來的。情即情感，是人接觸外物後生成的。《荀子·正名》：「性之好、惡、喜、怒、樂謂之情。」劉昞注：「性質稟之自然，情變由於染習。」❹微　隱匿；不顯露。❺玄　玄奧。❻血氣　血液和氣息。代稱生命。❼元一　元氣。《論衡·論天》：「元氣未分，渾沌為一。」因稱。❽稟　承受。❾陰陽　陰陽的最初意義是指日光的向背。古人以陰陽來解釋事物的對立、消長。

凡天地、日月、晝夜乃至人體臟腑、血氣等，皆分屬陰陽。⑩體　依據；根據。⑪五行　謂水、火、木、金、土五種物質。古代思想家認為它們之間存在相生相剋的關係，試圖以此來說明宇宙萬物的起源和變化。

【語譯】決定人才最基本的因素是情性。關於情性的道理，十分隱微深奧，除非有聖人那樣的洞察力，否則，有誰能探明弄清呢？凡是有生命的東西，沒有一樣不是包涵天地間的元氣為質地，稟賦陰陽兩方面確立本性，依據金、木、水、火、土五行原理構成形體的。如果我們對事物的外部形態有了一定程度的了解，就可以進而探究其內在的本質。

凡人之質量❶，中和❷最貴矣。中和之質，必平淡無味，故能調成五才❸，變化應節❹。是故觀人察質，必先察其平淡，而後求其聰明。聰明者，陰陽之精。陰陽清和❺，則中叡❻外明。聖人淳耀❼，能兼二美❽。知微知章❾，自非聖人，莫能兩遂❿。故明白之士，達動之機⓫，而暗⓬於玄慮⓭；玄慮之人，識靜之原⓮，而困於速捷⓯。猶火、日外照，不能內見⓰；金、水內暎⓱，不能外光。二者之義，蓋陰陽之別也。若量其才質，稽⓲諸五物⓳。五物之徵⓴，亦各著於厥體㉑矣。

【注　釋】❶質量　資質與器量。即素質。❷中和　中正平和。《禮記・中庸》：「喜怒哀樂之未發謂之中，發而皆中節謂之和。中也者，天下之大本也；和也者，天下之達道也。致中和，天地位焉，萬物育焉。」儒家認為，致中和，則無事不達於和諧的境界。❸五才　謂勇、智、仁、信、忠五種才德。❹應節　合乎法則。❺清和　清靜平和。❻中叡　內心通達明智。中，心中。叡，通達。❼淳耀　光明；光耀。淳，大。❽二美　指平淡與聰明兩種美德。❾章　通「彰」。顯明。❿遂　完成；成功。⓫違動之機　通曉行動的關鍵。達，通曉；明白。機，事物的關鍵。⓬暗　暗昧；不明白。⓭玄慮　深慮。玄，深。⓮原　原理；道理。⓯速捷　迅速敏捷。⓰見　通「現」。顯現。⓱暎　通「映」。映照。⓲稽　考核；考證。⓳五物　指水、火、木、金、土。⓴徵象；徵兆。㉑厥體　其體。厥，那個。

【語　譯】人的資質器量，以中正平和最為可貴。中正平和這種素質，必定是平淡無味的，因此，能調理成勇、智、仁、信、忠五種才德，變化遵循規律，應合節度。所以，我們觀察人物的素質時，一定要先看他是否具備平淡的氣質，然後再看他是否聰明睿智。聰明睿智是陰陽結合的精華。在一個人身上，陰陽二氣清穆平和，就會內心充滿智慧，外表明達聰穎。聖人高大光輝，能兼備平淡與聰明這兩種美德。不僅知曉隱微的事理，而且明瞭顯現在外的跡象。除了聖人，有誰能同時做到這兩點。所以說，看問題明白的人，懂得把握行動的時機，但缺乏深謀遠慮；思慮深遠的人，知曉寧靜致遠的道理，但行動失於遲緩。這就好比火光和日光能夠照見物體的外表，卻照不到它的裡面；金屬和水能夠映照容器的內部，卻不能使它的表面發光。這兩種情形的不同之處，就在於陰陽二氣的差異。在衡量人才素質時，如果能按五行原理加以考核，這五種物質各自的特徵，就會從其身上顯現出來。

其在體也，木骨、金筋、火氣、土肌、水血，五物之象❶也。五物之實，各有所濟❷。是故骨植❸而柔者，謂之弘毅❹。弘毅也者，仁❺之質也。氣清而朗❻者，謂之文理❼。文理也者，禮❽之本也。體端而實者，謂之貞固❾。貞固也者，信❿之基也。筋勁而精者，謂之勇敢⓫。勇敢也者，義⓬之決⓭也。色平⓮而暢⓯者，謂之通微⓰。通微也者，智之原⓱也。五質⓲恆性⓳，故謂之五常⓴矣。

【注釋】❶象　形象；狀貌。指五物的外在表現形式。❷濟　成功；成就。❸骨植　骨骼堅挺。植，通「直」。堅挺。❹弘毅　氣量恢宏，意志堅毅。《論語・泰伯》：「士不可以不弘毅，任重而道遠。」朱熹集注：「弘，寬廣也；毅，強忍也。非弘不能勝其重，非毅無以致其遠。」❺仁　仁愛。古代一種含義極廣的道德觀念，其核心是人與人之間相親相愛，儒家視之為最高的道德準則。❻朗　明朗。❼文理　禮儀；區別等級的禮文儀節。《荀子・禮論》：「孰知夫禮儀文理之所以養情也。」❽禮　規定社會行為的法則、規範、儀式的總稱。《荀子・禮論》：「先王惡其亂也，故制禮義以分之。」❾貞固　守持正道，堅貞不移。貞，堅貞。固，守持。❿信　誠實不欺。⓫勇敢　有勇氣；有膽量。⓬義　謂符合正義或道德規範。⓭決　決定；決斷。⓮色平　面色平和。色，臉色；表情。⓯暢　舒暢。⓰通微　通達隱微奧秘處。⓱原　根本；本源。⓲五質　指上述弘毅、文理、貞固、勇敢、通微五種品質。⓳恆性　恆久不易的稟性。⓴五常　五種守常不變的道德準則。儒家宣揚的「五常」，即仁、義、禮、智、信。

【語　譯】在人體內，骨體現木的特徵，筋體現金的特徵，氣體現火的特徵，肌體現土的特徵，血體現水的特徵，它們是木、金、火、土、水五種物質在人身上的具體表現。而這五種物質的內涵，又各自形成人的不同品質。所以，骨骼堅挺而柔韌的，稱作弘毅；弘毅是仁愛的本質。氣質清醇而明朗的，稱作文理；文理是禮儀的根本。體態端正而充實的，稱作貞固；貞固是誠信的基礎。筋脈強勁而精健的，稱作勇敢；勇敢是義的決斷。容色平和、氣息通暢的，稱作通微；通微是智慧的本源。這五種品質具有恆定不變的性質，因此叫做五常。

五常之別，列為五德❶。是故溫直❷而擾毅❸，木之德也。剛塞❹而弘毅，金之德也。愿恭❺而理敬❻，水之德也。寬栗❼而柔立❽，土之德也。簡暢❾而明砭❿，火之德也。雖體變無窮，猶依乎五質。

【注　釋】❶五德　五德之說，古代有多種解釋，此指與木、金、水、火、土相應的五種品德。❷溫直　態度溫和，品行端直。《尚書・皐陶謨》：「寬而栗，柔而立，愿而恭，亂而敬，擾而毅，直而溫，簡而廉，剛而塞，強而義，彰厥有常者哉！」本節論述文字，蓋源於此。❸擾毅　和順果敢。擾，和順。❹剛塞　剛健而篤實。塞，篤實；充滿。❺愿恭　質樸恭謹。孔穎達疏《尚書・皐陶謨》：「愿者，愨謹良善之名。」❻理敬　謂有理事之才，使人敬畏。理，理事。敬，敬畏。蔡沈集傳《尚書・皐陶謨》「亂而敬」句：「亂，治也。亂而敬者，有治才而敬畏也。」❼寬栗　寬厚莊敬。栗，莊敬；嚴肅。❽柔立　柔和而植立。即以溫和品性立身處世。❾簡暢　簡約流暢。❿明砭　明識砭割。砭，古代治病用的石針。比喻除病去惡。或以「明砭」為「明啟」之誤。文寬夫題記：「愚謂『明』、『砭』都無意義，自東晉諸公草書『啟』字為然，疑為『簡暢而明啟』耳。」劉昞注：「偏檢書傳，無明砭之證。案字書，砭者以石刺病，此外更無他訓。然自魏晉以後，轉相傳寫，豕亥之變，莫能究知，不爾則邵當別有異聞，今則亡矣。」

【語譯】五常之間的區別，分列為五種品德。因此，溫和正直和順果敢，是木的德性；剛強誠實弘大堅毅，是金的德性；質樸恭謹長於理事，是水的德性；寬厚莊重柔韌堅定，是土的德性；疏簡暢達明識砭割，是火的德性。人的才質品格雖各不相同，變化無窮，但從根本上說，還是依據這五種品質。

故其剛柔、明暢、貞固之徵，著乎形容❶，見乎聲色❷，發乎情味，各如其象❸。故心質❹亮直❺，其儀勁固❻。心質休決❼，其儀進猛❽。心質平理❾，其儀安閑。夫儀動成容，各有態度❿。直容⓫之動，矯矯行行⓬。休容⓭之動，業業蹌蹌⓮。德容之動，顒顒卬卬⓯。

【注釋】❶形容　容貌。❷聲色　說話的聲音與臉色。❸象　形象。❹心質　心性氣質。❺亮直　誠信耿直。亮，通「諒」。❻勁固　堅定沉著。❼休決　美善而果決。休，美善。決，果斷。❽進猛　振奮而威嚴。❾平

理　平直而達理。❿態度　謂狀貌舉止。《荀子・修身》：「容貌態度、進退趨行，由禮則雅，不由禮則夷固避違，庸眾而野。」⓫直容　端莊正直的儀容。⓬矯矯行行　勇武剛強的樣子。《詩經・魯頌・泮水》：「矯矯虎臣，在泮獻馘。」《論語・先進》：「子路，行行如也。」⓭休容　美善大度的儀容。休，美善。⓮業業蹌蹌　謹慎戒懼的樣子。《詩經・小雅・楚茨》：「濟濟蹌蹌，絜爾牛羊。」高亨注：「蹌蹌，步趨有節貌。」⓯顒顒卬卬　溫和莊重氣宇軒昂的樣子。《詩經・大雅・卷阿》：「顒顒卬卬，如圭如璋。」毛傳：「顒顒，溫貌。卬卬，盛貌。」鄭玄箋：「體貌則顒顒然敬順，志氣則卬卬然高朗。」

【語譯】因此，剛強柔和、明朗暢達、堅貞執著等性格特徵，會反映到一個人的形態舉止、音容笑貌、情趣韻味上，與他的外在表現相吻合。所以，誠信耿直的人，他的儀容堅定沉著；美善果敢的人，他的外表振奮威嚴；平和通達的人，他的神態安詳閒適。儀態的變化，形成各種不同的舉止容貌：儀態端直者的行動，充滿英武剛強之氣；美善寬厚者的行動，顯得謹慎穩重，進趨有節；而有道德修養者的一舉一動，則給人以溫和莊重、氣宇軒昂的感覺。

夫容之動作，發乎心氣❶，心氣之徵，則聲變是也。夫氣合成聲，聲應律呂❷。有和平之聲，有清暢之聲，有回衍❸之聲。夫聲暢於氣，則實存貌色❹。故誠仁，必有溫柔之色；誠勇，必有矜奮❺之色；誠智，必有明達❻之色。

【注釋】❶心氣　中醫稱心臟的生理功能。《靈樞經・脈度》：「心氣通於舌，心和則能知五味矣。」此指人的心神氣質。❷律呂　古代校正樂律的器具，共十二管。從低音管算起，成奇數的六個管稱律（黃鐘、太蔟、姑洗、蕤賓、夷則、無射），成偶數的六個管稱呂（大呂、夾鐘、仲呂、林鐘、南呂、應鐘），合稱律呂。後亦用以稱樂律或音律。❸回衍　迴盪延伸。衍，漫延；擴展。❹貌色　容貌與氣色。❺矜奮　勇武激奮。❻明達　通達；對事理有明晰通徹的認識。

【語譯】儀容舉止，發自人的心神氣質，心神氣質的徵象，又反映在聲音的變化上。氣合成聲音，聲音應和不同的樂律：有和順平緩之聲，有清越舒暢之聲，有迴盪綿延之聲。聲音因氣流的運動而通暢，並使人的音容笑貌得以顯現。因此，真正仁愛的人，必定有溫柔敦厚的神色；真正勇敢的人，必定有英武奮發的神色；真正富於智慧的人，必定有聰穎通達的神色。

夫色見於貌，所謂徵神❶。徵神見貌，則情發於目。故仁，目之精，愨然❷以端❸。勇，膽之精，曄然❹以彊❺。然皆偏至之才，以勝體為質者也。故勝質不精，則其事不遂❻。是故直而不柔則木❼，勁而不精則力，固❽而不端則愚，氣而不清則越❾，暢而不平則蕩❿。

【注釋】❶徵神　精神外露的徵象。劉昞注：「貌色徐疾，為神之徵驗。」❷愨然　恭謹樸實貌。愨，樸實；謹慎。❸端　端正；正直。❹曄然　光彩閃耀貌。❺彊　「強」的本字。❻不遂　不順利；不成功。❼木　謂呆板而不知變通。❽固　固執。❾越　逾越；超出。❿蕩　放縱。

【語譯】氣色顯現於外貌，是人內在精神的徵象。既然人的精神反映在他的外貌上，那麼，人的情感就會通過眼神流露。所以，仁愛，表現為眼的精氣的凝聚，這種人目光恭謹樸實而端莊；勇敢，表現為膽的精氣的凝聚，這種人目光炯炯而強勁。然而，這些都還只是偏於一個方面的人才，因為他們暴露在外的體貌特徵超過了內在精神氣質的自然顯現。人的氣質不精純，事業就難以成功。所以，一味正直而不柔和，就顯得呆板；一味剛勁而不精細，就顯得魯莽；固執己見擺不正位置，就陷入了愚頑。氣充盈而不清朗，就失之於偏激；氣通暢而不平和，就失之於放縱。

是故中庸之質，異於此類。五常既備，包以澹❶味。五質內充，五精❷外章❸，是以目彩五暉❹之光也。故曰：物生有形，形有神精❺。能知精神，則窮理盡性。

【注釋】❶澹　淡薄；不濃厚。《莊子・刻意》：「澹然無極，而眾美從之。」❷五精　謂心、肺、肝、脾、腎五臟的精氣。❸章　通「彰」。顯現。❹五暉　猶言五彩或五色。古以青、黃、赤、白、黑五色為正色，因稱。❺神精　猶言精神。

【語譯】具有中庸品質的人，跟上面所說的都不一樣。在他們身上，仁、義、禮、智、信五常俱備，並以澹泊的情懷加以包容。弘毅、文理、貞固、勇敢、通微五種品質充盈體內，心、肺、肝、脾、腎五臟精氣顯明於外，眼神中閃爍著五彩光芒。所以說，事物生成就有其形貌，形貌反映事物的內在精神，能把握住精神，就能窮究事物的原理和人的本性。

性之所盡❶，九質❷之徵也。然則平陂❸之質在於神，明暗❹之實在於精，勇怯之勢在於筋，彊弱之植❺在於骨，躁靜之決在於氣，慘懌❻之情在於色，衰正❼之形在於儀，態度❽之動在於容，緩急之狀在於言。其為人也，質素平澹，中叡外朗❾。筋勁植固❿，聲清色懌，儀正容直，則九徵皆至，則純粹之德也。

【注釋】❶盡　全部。❷九質　即下文所說的平陂、明暗、勇怯、彊弱、躁靜、慘懌、衰正、態度、緩急等九種氣質。❸平陂　謂性格平正與邪側。陂，傾斜不平。❹明暗　明識與愚昧。暗，暗昧；愚昧。❺植　木柱。引申為支柱、根本。❻慘懌　悲戚與喜悅。❼衰正　衰頹與端正。❽態度　謂神態舉止。❾中叡外朗　內心敏慧，外表清朗。中，內心。叡，明智。朗，明亮；清朗。❿植固　堅定穩固。

【語譯】人的情性的全部內涵，表現為九種氣質。正直或偏邪的氣質取決於人的精神，聰明或愚昧的區別在於精氣，筋肉形成勇敢或怯懦的態勢，骨骼造就強健或柔弱的體格，血氣決定急躁或沉靜的脾性。悲傷或愉悅的情緒表明於臉色，衰頹或端直的形象見諸於儀態，做作或自然的舉止顯現於容貌，寬緩或褊急的情狀流露於言表。一個人，如果本性質樸而襟懷澹泊，內心叡智而外貌清朗，筋脈勁健而骨骼堅挺，聲音清潤而神色和悅，儀態端莊而容貌正直，那麼，上述九種氣質就完美了。這樣的人，德行達到了精粹的境界。

九徵有違，則偏雜之才也。三度❶不同，其德異稱。故偏至之才，以才自名❷；兼才❸之人，以德為目❹；兼德❺之人，更為美號。是故兼德而至，謂之中庸。中庸也者，聖人之目也。具體而微❻，謂之德行。德行也者，大雅❼之稱也。一至❽，謂之偏才。偏才，小雅❾之質也。一徵，謂之依似❿。依似，亂德之類也。一至一違，謂之間雜⓫。間雜，無恆之人也。無恆、依似，皆風人⓬末流。末流之質，不可勝論，是以畧而不槩也。

【注釋】❶三度　三種氣度。即下文所述的偏才、兼才、兼德。著者將之歸入「小雅」、「大雅」、「聖人」三個品第。❷自名　自稱；自命。❸兼才　兼備數方面才能的人。❹目　名稱；稱號。❺兼德　德才兼備的人。

❻具體而微　謂總體的各部分均已具備，只是還比較細微。語本《孟子·公孫丑上》：「子夏、子游、子張皆有聖人之一體；冉牛、閔子、顏淵則具體而微。」此指九徵初具，但尚未完善。❼大雅　稱德高才大的人。班固《文選·西都賦》：「大雅、宏遠，於茲為群。」李善注：「大雅，謂有大雅之才者。《詩》有〈大雅〉，故以立稱焉。」❽一至　僅在某一方面突出的。❾小雅　與「大雅」相對，次於「大雅」，指偏才。劉昞注：「徒仁而無義，徒義而無仁，未能兼濟，各守一行，是以名不及大雅也。」❿依似　似是而非。劉昞注：「絕訐似直而非直，純宕似通而非通。」⓫間雜　混合夾雜。指九徵中某些方面突出，某些方面違背的人。⓬風人　原指古代採集民歌風俗以觀民風的官員，後亦指詩人。此指一般文人。

【語　譯】在九種氣質之中，某些方面違背的人，只能是偏雜之才。偏才、兼才、兼德這三種人的器度不同，對他們德行的稱法也不一樣。偏至之才，以某方面的專長而命名；兼才之人，以其具備的某種品德而見稱；兼德之人，才德兼備，因而獲得更加美好的稱號。兼德而達到完善境界的，稱作「中庸」。中庸是對聖人的最高評價。大體上具備各方面的美德但還細微的，稱作「德行」。德行是「大雅」的稱號，即指品德高尚才能卓越。九種氣質中僅有某一方面達到的人，我們稱之為「偏才」。偏才是「小雅」的稱號，其實質是才德有所偏倚。有一種徵象我們稱之為「依似」，就是似是而非，屬於淆亂德行的一類。九種氣質中某些方面突出、某些方面違背的人稱之為「間雜」。「間雜」的人是沒有恆性的。沒有恆性和似是而非，都是文人教化不力而形成的末流之輩，而這種末流資質的人為數眾多，不能一一加以評論，所以略而不述。

【研　析】根據中國古代陰陽五行的學說，劉卲闡述了物質的本原。他說：「凡有血氣者，莫不含元一以為質，稟陰陽以立性，體五行而著形。」元一指元氣，中國古代哲學中指天地未分之前的混一之氣。元氣分為陰陽，人稟陰陽二氣而化生，由木、金、火、土、水五種物質元素構成形體。木、金、火、土、水五種物質元素對應人體的骨、筋、氣、肌、血，構成表象。由於陰陽五行在人體中配置的不同，形成五種不同的性格特徵，即弘毅、文理、貞固、勇敢、通微。它們是仁、禮、信、義、智的基礎。以其具有恆定的性質，因稱之為「五常」。由此引出人的五種道德屬性：「溫直而擾毅」，為木德；「剛塞而弘毅」，為金德；「愿恭而理敬」，為水德；「寬栗而柔立」，為土德；「簡暢而明砭」，為火德。劉邵認為，不管一個人如何「體變」無窮，都「依乎五質」。所有「著乎形容，見乎聲色，發乎情味」的徵象，都是「五質」的具體表現。進而指出：「物生有形，形有神精。能知精神，則窮理盡性。」說明人物才性有其憑藉的基礎，是可以通過其外部表現加以鑑別的。劉邵把這種外部表徵概括為神、精、筋、骨、氣、色、儀、容、言九個方面，認為通過這九個方面可以徵知其內在的平陂、明暗、勇怯、強弱、躁靜、慘懌、衰正、態度、緩急等性格特徵，因謂之「九徵」。依據「九徵」，劉邵將人才分為「三度」，即兼德之人、兼才之人和偏才之人。相應稱之為聖人（中庸）、德行（大雅）和偏才（小雅）。聖人難得，而偏雜之才是到處皆有的。等而下之，又分依似、間雜兩類人物。依似之人似是而非，其質與徵違。間雜之人則搖擺不定，人云亦云，沒有恆性。依似、無恆之人皆非出自人的真實情性，屬於風人末流之輩。

劉邵的「九徵」說在一定程度上受東漢「骨相」說的影響。「骨相」說將人的形體相貌說成能決定人的富貴貧賤、吉凶禍福，帶有神秘主義的色彩。如王符說：「人身體形貌，皆有象類；骨法角肉，各有部分。以著性命之期，顯貴賤之表。」（《潛夫論・相列》）誠然，人的外部表徵與人的心理要素存在一定的聯繫，但若視之為人物才性的決定性因素，則失之一端。「九徵」說正是在這一點上，有陷入「骨相」說泥淖之嫌。但我們也應該看到「九徵」說的合理部分，它的才本於質、精神依賴於形體、通過形質以了解人物情性，以及鑑別人才應考察其基本素質的觀點，還是有一定的科學道理的。

本篇，著者提出了一個重要觀點，即在人的諸多素質之中，以「中和最貴」。中和即中庸，是儒家思想的核心，也是儒家衡量人才的最高標準。

劉邵認為，中庸的特徵是「平淡無味」，故能協調才質的各個方面，順應事物的發展變化。他提出「觀人察質，必先察其平淡，而後求其聰明」的方法，認為聖人之貴，就貴在能兼平淡與聰明兩個方面。聰明，指人的才智，容易理解。「平淡」二字，看似無奇，其實含義深刻。它啟示我們，惟有鋒芒內斂、澹泊明志，不汲汲於功名利祿，才能高瞻遠矚，協調眾才，擔當重任。老子說：「名可名，非常名。」又說：「夫惟不爭，故天下莫能與之爭。」「平淡」之說，明顯帶有道家思想的色彩，著者將它與儒家中庸思想揉合在一起，不能不說是一個大膽的「創新」。

莊子亦有「九徵」說，與劉邵所言不同，錄此以作借鑑：「遠使之而觀其忠，近使之而觀其敬，煩使之而觀其能，卒然問焉而觀其知，急與之期而觀其信，委之以財而觀其仁，告之以危而觀其節，醉之以酒而觀其則，雜之以處而觀其色，九徵至，不肖人得矣。」（《莊子・列禦寇》）

體別第二

夫中庸之德，其質無名❶。故鹹而不鹻❷，淡而不醨❸，質而不縵❹，文而不繢❺。能威能懷❻，能辨能訥❼，變化無方❽，以達為節❾。

【注釋】❶無名　不可名。❷鹹而不鹻　謂味鹹但不像鹼那樣苦澀。鹻，同「鹼」。凝結之鹵。❸醨　無味。❹質而不縵　謂雖質樸而有文彩。質，質樸。縵，無花紋的絲織品。❺文而不繢　謂色彩斑斕而不加修飾。文，色彩交錯。《周易・繫辭下》：「物相雜，故曰文。」繢，彩色花紋的圖案。❻能威能懷　謂威德兼施。威，威服。懷，懷柔。❼訥　說話遲鈍；木訥。❽無方　無定法；無定式。❾節　準則。

【語譯】中庸這種品德，它的實質是無法用語言來表述的。就像含有鹽分的水，雖然鹹，但並不苦澀；雖然淡，但並非無味。又像絲織品，雖然質樸，但有文彩；文彩斐然，但不加修飾。具有這種品質的人，威德兼施，有時雄辯無礙，有時木訥無語，變化無窮，惟以通達為準則。

是以抗者❶過之，而拘者❷不逮❸。夫拘抗違中❹，故善有所章❺，而理有所失。是故厲直❻剛毅，才在矯正，失在激訐❼。柔順安恕❽，每❾

在寬容，失在少決。雄悍傑健，任❿在膽烈⓫，失在多忌⓬。精良畏慎⓭，善在恭謹，失在多疑。彊楷⓮堅勁，用在楨幹⓯，失在專固⓰。論辨理繹⓱，能在釋結⓲，失在流宕⓳。普博周給⓴，弘在覆裕㉑，失在溷濁㉒。清介㉓廉潔，節㉔在儉固㉕，失在拘扃㉖。休動磊落㉗，業在攀躋㉘，失在疏越㉙。沉靜機密，精在玄微㉚，失在遲緩。樸露㉛徑盡㉜，質在中誠㉝，失在不微㉞。多智韜情㉟，權㊱在譎略㊲，失在依違㊳。及其進德㊴之日不止，揆中庸㊵以戒其才之拘抗，而指人之所短，以益其失，猶晉楚帶劍遞相詭反㊶也。

【注釋】❶抗者　亢奮進趨的人。抗，通「亢」。❷拘者　拘謹多慮的人。❸不逮　不及；達不到。❹中中正平和。指中庸之道。❺章　通「彰」。顯現；彰明。❻厲直　嚴肅正直。❼激訐　激烈率直地攻擊別人，發人隱私。劉昞注：「訐刺生於剛厲。」❽安恕　安詳寬容。安，從容不迫。恕，寬恕。❾每　原指草盛貌，帶有褒義，這裡指優點、長處。《左傳・僖公二十八年》：「原田每每。」杜預注：「晉軍美盛，若原田之草每每然。」❿任　能力；才能。《韓非子・定法》：「術者，因任而授官，循名而責實。」陳奇猷集釋：「太田方曰：『任，能也。』有能以勝任其事則任其事，故引申之為能也。」⓫膽烈　謂膽量過人。⓬多忌　多猜忌。

「多忌」或為「無忌」之誤。無忌，任性而無顧忌。忌，猜忌；嫉妬。⓭畏慎　猶畏口慎事。說話謹慎，做事小心。蘇軾〈答吳子野書〉之二：「近日始畏口慎事，雖已遲，猶勝不悛也。」⓮彊楷　剛強正直。楷，剛直。⓯楨幹　原指築牆時所用的木柱，豎在兩端的稱楨，豎在兩旁障土的稱幹。此處作支撐、支柱解。⓰專固　專行獨斷，固執己見。⓱理繹　闡述；分析。繹，抽絲。引申為理出頭緒。⓲釋結　排除疑難癥結。釋，排除；解除。⓳流宕　放蕩；不受拘束。⓴普博周給　普施博捨，廣為周濟。㉑弘在覆裕　謂胸襟弘大，在於廣泛結交，容納眾庶。弘，弘大。覆，覆蓋；遍及。裕，充裕。㉒溷濁　混亂汙濁。㉓清介　清高耿直。㉔節　節操。㉕儉固　儉約固持。㉖拘扃　拘謹；約束。扃，門窗上的插閂。引申為封閉。㉗磊落　錯落分明。引申為灑脫不拘，直率開朗。㉘攀躋　攀登。躋，升登；達到。㉙疏越　疏忽；不周密。㉚玄微　深遠微妙。㉛樸露　質樸坦露。㉜徑盡　徑直而無保留。㉝中誠　內心真誠。中，內心。㉞不微　謂坦露而不深沉。㉟韜情　隱藏實情。韜，藏匿。㊱權　權變。㊲譎畧　譎詐多謀。㊳依違　遲疑不決，模稜兩可。㊴進德　增進道德修養。㊵揆中庸　以「中庸」為準則。揆，準則；尺度。㊶晉楚帶劍句　楚國人佩劍在身之左，晉國人佩劍在身之右，左右雖殊，各以其用，而兩國人互相嘲笑對方佩劍的方向。詭反，違反。

【語譯】亢奮激進的人，超越了中正平和的界線；而謹小慎微的人，又達不到中正平和的標準。因為拘謹和亢奮都違背了中庸之道，他們只注意彰明表面的優點，而忽略了內在的義理。所以，嚴肅正直剛毅果決的人，優點是剛正不阿、匡邪扶正，缺點是做事偏激，率直地揭人隱私、攻人之短；柔和溫順安詳寬厚的人，優點是待人處事寬宏大量，缺點是優柔寡斷；英武強悍身手矯健的人，優點是膽量過人，缺點是任性無忌；美善溫良畏言慎行的人，優點是謙恭謹慎，缺點是性多猜疑；剛強端直意志堅定的人，優點是可作中堅力量，缺點是獨斷專行，固執己見；能言善辯探究事理的人，才能在於解難釋疑，缺點是飄浮不定，放縱無羈；普施博捨廣為周濟的人，優點是胸襟弘大，交友眾多，缺點是結交過濫，勢必良莠混雜；清高耿介廉潔自守的人，有著清正儉約的節操，缺點是拘謹約束，故步自封；行動美善灑脫開朗的人，事業上不斷攀登進取，缺點是疏漫迂闊；深沉冷靜考慮縝密的人，善於探玄入微，缺點是行動遲緩；質樸坦蕩直截了當的人，優點是為人誠懇，表裡如一，不足之處是坦露無遺，不夠沉穩；足智多謀不動聲色的人，長於權術謀略，機變狡詐，弱點是猶豫不決，模稜兩可。上述這些人，在他們不斷地增進道德修養的時候，如果不能以中庸為準則，糾正自己亢厲偏激或拘謹局促的毛病，反而一味地指責別人的短處，只會使自身的缺失更加突出，這就好比晉國人和楚國人互相指責對方佩劍的方向與自己相反一樣的可笑。

是故彊毅❶之人，狠剛❷不和，不戒其彊之搪突❸，而以順為撓❹，厲❺其抗。是故可以立法，難與入微。柔順之人，緩心寬斷❻，不戒其事之不攝❼，而以抗為劌❽，安其舒❾。是故可與循常❿，難與權疑⓫。雄悍之人，氣奮勇決⓬，不戒其勇之毀跌⓭，而以順為恇⓮，竭其勢。是故可與涉難⓯，難與居約⓰。懼慎之人，畏患多忌，不戒其懦⓱於為義，而以勇為狎⓲，增其疑。是故可與保全，難與立節。凌楷⓳之人，秉意勁特⑳，不戒其情之固護㉑，而以辨為偽，彊其專㉒。是故可以持正㉓，難與附眾㉔。辨博之人，論理贍給㉕，不戒其辭之汎濫，而以楷為繫㉖，遂其流㉗。是故可與汎序㉘，難與立約。弘普之人，意愛周洽㉙，不戒其交之溷雜㉚，而以介為狷，廣其濁㉛。是故可以撫眾㉜，難與厲俗㉝。狷介㉞之人，砭清激濁㉟，不戒其道之隘狹，而以普為穢㊱，益其拘。是故可與守節，難以變通。休動之人，志慕超越㊲，不戒其意之大猥㊳，而以靜為滯，果其銳㊴。是故可以進趨，難與持後㊵。沉靜之人，道思迴復㊶，不戒其靜之遲後，而以動為疏㊷，美其懦㊸。是故可與深慮，難與捷速。樸露之人，中疑實䛬㊹，不戒其實之野直㊺，而以譎為誕㊻，露其誠。是故可與立信，難與消息㊼。韜譎㊽之人，原度取容㊾，不戒其術之離正，而以盡為愚，貴其虛。是故可與讚善，難與矯違。

【注釋】❶彊毅　堅強剛毅。❷狠剛　暴戾剛強。❸揬突　唐突。揬，通「唐」。❹撓　屈服；軟弱。❺厲　激勵；鼓勵。❻寬斷　優柔寡斷。❼攝　攝理；治理。❽劌　傷害。❾舒　舒緩。❿循常　遵循常道。⓫權疑斷決疑難。⑫勇決　勇敢果斷。⑬毀跌　錯誤過失。毀，損毀。跌，錯失。⑭恇　怯弱；恐懼。⑮涉難　經歷艱難。⑯居約　處於窮困之中。引申為身處逆境。約，窮困。《論語・里仁》：「不仁者不可以久處約，不可以長處樂。」⑰愞　同「懦」。怯懦；軟弱。⑱狎　輕忽；輕慢。⑲淩楷　淩厲剛直。⑳勁特　剛勁耿介。特，挺立；特立。㉑固護　主觀專斷。㉒以辨為偽二句　劉昞注：「以辨博為浮虛，而彊其專一之心。」㉓持正　主持公道，無所偏倚。㉔附眾　使眾人歸附。㉕贍給　充足；充分。㉖以楷為繫　謂以楷正為束縛。㉗流　指流宕不定之心。㉘汎序　泛泛而論。序，通「敘」。敘述。㉙周洽　周遍；普遍。㉚溷雜　雜亂。溷，混濁。㉛以介為狷二句　劉昞注：「以拘介為狷戾，而廣其溷雜之心。」介，守正耿介。狷，拘謹無為。㉜撫眾　安撫眾庶。㉝厲俗　激勵世俗。厲，激勵。㉞狷介　孤高自守，潔身自好。㉟砭清激濁　猶言揚清激濁、揚善斥惡。㊱以普為穢　謂以廣結善交為鄙賤。普，廣結善交。㊲志慕超越　猶言志向高遠。慕，敬仰；仰慕。㊳大猥　謂貪多務得，好大喜功。猥，雜濫繁多。㊴以靜為滯二句　劉昞注：「以沉靜為滯屈，而增果銳之心。」果銳，果斷敏銳。㊵持後　居於後而不爭。㊶道思迴復　謂反覆思考。迴復，反覆。㊷疏　粗疏；輕率。㊸美其愞　視懦弱為美德。愞，懦弱。㊹中疑實碢　此句詞義不明。中，內心。疑，或為「儗」，痴呆貌，引申為遲鈍、呆板。碢，石名。比喻質樸耿直。㊺野直　鹵莽率直。野，粗野；鹵莽。《論語・子路》：「野哉由也。」㊻以譎為誕　以詭詐權變為怪誕。譎，詭詐；權變。誕，荒誕；欺騙。㊼消息　原指增加與衰減，引申為變化。此指應付事變。㊽韜譎　心懷詭詐。韜，斂藏。㊾原度取容　推原揣度，取悅於人。原，追根尋源。度，揣度。

【語　譯】所以，堅強剛毅的人，兇狠暴戾而不柔和，他們不警戒自己爭強好勝、粗魯唐突的毛病，反而把柔順看作軟弱，這就更增長了亢奮激進的氣焰。因此，儘管他們可以去制訂法規，卻難以做到體察入微。溫和柔順的人，行動遲緩而少決斷，他們不警戒自己不善治理事務的缺陷，反而認為剛毅奮進會造成危害，安於舒緩的節奏。因此，可與他們按常規共事，卻不能與他們處理決斷疑難問題。雄武強悍的人，意氣奮發，勇敢果決，他們不警戒自己因勇悍而可能造成的毀害和錯失，反而認為和順忍耐是膽怯懦弱的表現，任性妄為。因此，可與他們同赴危難，難與他們共守誓約。膽小謹慎的人，做事畏縮多忌，他們不警戒自己不敢堅持正義的軟弱行為，反而把勇敢視作輕舉妄動，更增長了疑慮和畏懼的心理。因此，可與他們保全身家性命，難與他們樹立高尚的節操。凌厲剛直的人，生性剛勁耿介，他們不去警惕自己固執己見的毛病，反而認為靈活善辯是強詞奪理，進而助長了主觀專斷。因此，他們能夠堅持正義，卻難以團結眾庶，獲取支持。能言善辯的人，說理詳盡，他們不以自己言辭泛濫為戒，反而認為語言的楷則是一種束縛，任其思緒流宕，誇誇其談。因此，可與他們泛泛而論，不可與他們訂章立約。心胸寬弘的人，博愛好施，他們不警戒自己交友混雜的毛病，反而把廉正耿直視為拘謹狹隘，促使其交往更為雜亂。因此，可與他們安撫眾庶，難與他們激勵世人。孤高潔身的人，揚清激濁，他們不認為自視清高實際上陷入了狹隘，反而把寬大的胸懷看成是藏汙納垢的所在，愈發使他們拘謹執拗，故步自封。因此，他們能夠堅守節操，卻難以審時度勢，隨機應變。積極進趨的人，志向遠大，他們不以好大喜功、貪多務得為戒，反而把靜默沉穩看作是停滯不前，更增強了他們銳意博取的心理。因此，他們熱中於進趨，從不甘心居人之後。沉著冷靜的人，多思多慮，他們不警戒自己過於靜默會導致行動上的遲緩，反而認為應時而動是輕率粗疏的行為，視軟弱為美德。因此，他們能夠深思熟慮，卻難以迅速行動，把握住機會。質樸直露的人，心地痴頑耿介，他們不警戒自己鹵莽率直的弱點，反而把隨機應變看作虛浮怪誕，變得愈發暴露無遺。因此，他們可以使人信賴，但難以面對各種複雜的情況，調停節度，順應事變。心懷詭詐的人，凡事推原揣度，取悅於人。他們不以自己心術不正為戒，反而將真誠當作愚昧，崇尚虛偽。因此，他們可以佐助良善，但難以矯正邪惡。

夫學，所以成才也。恕❶，所以推情❷也。偏才之性，不可移轉矣。雖教之以學，才成而隨之以失。雖訓之以恕，推情各從其心。信者逆信❸，詐者逆詐❹，故學不入道❺，恕不周物❻，此偏才之益失也。

【注釋】❶恕　儒家的倫理道德。謂推己及人，仁愛待物。❷推情　斟酌情理，推己及人。❸逆信　事先即相信別人誠實不欺。逆，預先。❹逆詐　事先即猜疑別人心存欺詐。❺入道　調合於聖賢之道。❻周物　遍及所有事物。

【語譯】人通過學習，能成為有用之才；以恕道為本，可以了解人的常情。然而，偏才的情性卻是難以改變的。雖然也傳授給了他們知識，但隨著他們在某一方面成才，就會把學過的東西丟掉。儘管也用「恕道」教誨過他們，但他們在斟酌情理、處理問題時，各人還是根據自己的心性來推理，誠實的人想像別人也誠實，詭詐的人想像別人也詭詐。所以，學習不能使他們都歸入正道，恕道也不能使他們寬宥所有事物，偏才的缺點因此更加突出了。

【研析】劉邵視中庸為最理想的道德品質和最高的人格境界，強調其中正平和、不偏不倚、變化應節、無適無莫的特徵。然而，具備中庸之德的聖人是很難尋覓的，普天之下，芸芸眾生，多為偏雜之才及依似、無恆之人。依似、無恆之人屬於末流之輩，劉邵認為不值得耗費筆墨來討論，因此，他從用人的角度出發，著重分析了各類偏才，指陳他們的優點與缺陷，以及應當警惕的地方。

劉邵認為，人稟受陰陽二氣而立性，陰氣太重則失之柔，陽氣太重則失之剛。太柔之人謹小慎微，缺乏勇氣；過剛之人亢奮激烈，超越常度。由此，他將偏才分為「抗」與「拘」兩大類型。厲直剛毅之才、雄悍傑健之才、彊楷堅勁之才、普博周給之才、休動磊落之才、樸露徑盡之才六種屬於「抗者」；柔順安恕之才、精良畏慎之才、論辨理繹之才、清介廉潔之才、沉靜機密之才、多智韜情之才六種屬於「拘者」。以「中庸」為衡量的標準，「拘者不逮」，而「抗者過之」，均有偏失。如厲直剛毅之人，優點是能夠矯正邪曲、剛正不阿，缺點則表現在態度激烈，率直地攻擊別人。又如柔順安恕之人，長處在於寬容能讓，不足則在於缺少決斷。因此，劉邵主張「揆中庸以戒其才之拘抗」。

孔子說：「不得中行而與之，必也狂狷乎！狂者進取，狷者有所不為也。」（《論語・泰伯》）劉邵關於「體別」的思想基礎，蓋源於此。

劉邵認為，偏才的質性是天生的，不可轉移的，雖「教之以學」，「訓之以恕」，不能使之改變。學習雖能使人成才，但成於此而失於彼，使得抗者愈抗，拘者愈拘，要想改變一個人的質性，非但無益，反而有害。劉邵因此總結說：「學不入道，恕不周物。」只有依其稟性，發揮其長處，才是用人之道。

劉邵注意到人物性格的穩定性，主張根據人的不同的性格特點，合理使用人才，這一看法是值得肯定的。但他斷言「偏才之性，不可移轉」的觀點，則未免過於絕對化了。應該看到，人的質性雖然相對穩定，但仍有可塑的一面，學習與教育的作用是不能完全否定的。

流業第三

蓋人流之業❶，十有二焉：有清節家❷，有法家❸，有術家❹，有國體❺，有器能❻，有臧否❼，有伎倆❽，有智意❾，有文章❿，有儒學⓫，有口辨⓬，有雄傑。

【注釋】❶人流之業　謂各類人才的專業。流，流別；類別。❷清節家　謂以高潔的節操垂範於世者。《漢書・王貢兩龔鮑傳贊》：「春秋列國卿大夫及至漢興將相名臣，懷祿耽寵以失其世者多矣！是故清節之士，於是為貴。」❸法家　戰國時期重要學派之一，主張以法制代替禮制。代表人物有李悝、商鞅、韓非。❹術家　謂機智善謀者。❺國體　謂輔佐國君的大臣。《穀梁傳・昭公十五年》：「大夫，國體也。」范寧注：「君之卿佐，是謂股肱，故曰國體。」❻器能　謂有器量、才能者。❼臧否　原指善惡是非，此謂擅長評鑑者。臧，善。否，惡。❽伎倆　原指技能、技藝，此謂措意工巧者。❾智意　謂有智慧識見者。❿文章　謂擅長屬辭著述者。⓫儒學　謂精通儒家經典者。⓬口辨　謂應對給捷、能言善辯者。辨，通「辯」。

【語譯】人才按其專業，可以分為十二種類型：有清節家，有法家，有術家，有國體，有器能，有臧否，有伎倆，有智意，有文章，有儒學，有口辨，有雄傑。

若夫德行高妙，容止可法❶，是謂清節之家，延陵❷、晏嬰❸是也。建法立制，彊國富人❹，是謂法家，管仲❺、商鞅❻是也。思通道化❼，策謀奇妙，是謂術家，范蠡❽、張良❾是也。兼有三才❿，三才皆備，其德足以厲⓫風俗，其法足以正天下，其術足以謀廟勝⓬，是謂國體，伊尹⓭、呂望⓮是也。兼有三才，三才皆微⓯，其德足以率一國⓰，其法足以正鄉邑⓱，其術足以權事宜⓲，是謂器能，子產⓳、西門豹⓴是也。兼有三才之別，各有一流。清節之流，不能弘恕㉑，好尚譏訶㉒，分別是非，是謂臧否，子夏㉓之徒是也。法家之流，不能創思遠圖，而能受一官之任，錯意㉔施巧，是謂伎倆，張敞㉕、趙廣漢㉖是也。術家之流，不能創制垂則㉗，而能遭變用權㉘，權智㉙有餘，公正不足，是謂智意，陳平㉚、韓安國㉛是也。凡此八業，皆以三才為本，故雖波流分別㉜，皆為輕事之才㉝也。能屬文㉞著述，是謂文章，司馬遷㉟、班固㊱是也。能傳聖人之業，而不能幹事施政，是謂儒學，毛公㊲、貫公㊳是也。辯不入道㊴，而應對資給㊵，是謂口辯，樂毅㊶、曹丘生㊷是也。膽力絕眾，才略過人，是謂驍雄㊸，白起㊹、韓信㊺是也。凡此十二才，皆人臣㊻之任也，主德不預㊼焉。

【注釋】❶容止可法　儀容舉止可供效法。法，效法；師法。❷延陵　即季札，又稱公子札。春秋時吳王諸樊弟，寬厚賢明，屢次推讓君位。封於延陵（今江蘇常州），稱延陵季子。❸晏嬰　春秋時齊國大夫，字平仲。事靈公、莊公，相景公。清廉節儉，名顯諸侯。傳世有《晏子春秋》，係後人偽託。❹彊國富人　使國力強盛，人民富足。❺管仲　春秋時齊國人，名夷吾，字仲。初事公子糾，後相齊桓公，實行變革，富國強兵，九合諸侯，一匡天下，輔佐齊桓公成就霸業。❻商鞅　戰國時衛人，姓公孫，名鞅，封於商，因稱商鞅或商君。相秦孝公，實行變法，廢井田，開阡陌，獎勵耕戰，改革賦稅制度，秦國國勢日強。孝公死後，為舊貴族誣陷，車裂而死。❼思通道化　謂思想敏銳，通達萬物的變化。道化，闡明事物的變化。《史記・太史公自序》：「是故《禮》以節人，《樂》以發和，《書》以道事，《詩》以達意，《易》以道化，《春秋》以道義。」❽范蠡　字少伯，春秋末年楚國宛（今河南南陽）人。仕越為大夫，輔佐越王句踐，刻苦圖強，滅吳國，稱上將軍。功成身退，經商致富，又稱陶朱公。❾張良　字子房。祖先相韓，秦滅韓，良結遊刺客，椎擊秦王未遂，逃匿下邳。劉邦起兵，良佐漢滅秦勝楚，功封留侯。劉邦稱其：「運籌策帷帳之中，決勝於千里之外。」❿三才　謂上述清節家之德、法家之法、術家之術三方面才能。⓫厲　激勵；振奮。⓬謀廟勝　謂在朝廷預先制定克敵致勝的謀略。廟，廟堂，是古代帝王祭祀、議事之地。勝，勝算。⓭伊尹　商湯賢臣。見〈自序〉注。⓮呂望　名尚，字子牙，號太公望。輔佐周武王滅商。見〈自序〉注。⓯微　謂不純備；細微。⓰率一國　作一國的表率。率，表率；楷模。⑰正鄉邑　匡正城鄉的風氣。匡，糾正；匡正。⑱權事宜　謂能隨機應變，處理各種事務。權，變通。⑲子產　即公孫僑，字子產，春秋時鄭國大夫，柄國四十餘年。執政期間，實行改革，內馭強宗，外折敵國，晉楚不能加兵。⑳西門豹　戰國時魏人。文侯時任鄴令，破除「河伯娶婦」的迷信，組織民眾開掘水渠，引漳河水灌溉農田，發展生產，為民稱頌。㉑弘恕　寬容；寬恕。㉒譏訶　譏責非難。㉓子夏　春秋時晉人，一說衛人，姓卜名商，字子夏。孔子弟子，擅長文學。曾講學西河（濟水、黃河間），序《詩》傳《易》，魏文侯尊之為師。㉔錯意　注意；在意。錯，通「措」。㉕張敞　西漢大臣，字子高，宣帝時任京兆尹、冀州刺史等。顯善懲惡，治平盜賊，政績卓著。然無威儀，曾走馬章臺街，又為妻畫眉，一時傳為笑談。㉖趙廣漢　西漢大臣，字子都，宣帝時任潁川太守，遷京兆尹。為政廉明，不避權貴，誅伏豪強，有名於時。㉗創制垂則　創立制度，垂示法則。㉘用權　採用權宜之法。㉙權智　權變智略。㉚陳平　陽武人。少家貧，好黃老之術。初從項羽，後歸劉邦，拜護軍中尉。有謀略，屢出奇計，佐高祖定天下，功封曲逆侯。惠帝時為相。呂后死後，與周勃盡誅諸呂，迎立文帝。㉛韓安國　西漢大臣，字長孺。多謀略。初為梁孝王中大夫，七國之亂，平定吳楚，由此名著。武帝時遷御史大夫。後任衛尉，抗禦匈奴，兵敗徙官，鬱鬱而死。㉜波流分別　謂像水的波浪與主流那樣各有區別。㉝輕事之才　「輕」疑為「經」字之誤。經事之才，即能夠擔當事務的人才。㉞屬文　撰寫文章。㉟司馬遷　西漢史學家、文學家，字子長，夏陽人。武帝時任太史令，因替李陵辯解，下獄處宮刑。出獄後任中書令，發憤著述。所著《史記》，為中國第一部紀傳體通史。㊱班固　東漢史學家、文學家。字孟堅，扶風安陵人。博貫載籍，明帝時召為蘭臺令史，後遷為郎，典校秘書。所著《漢書》，為中國第一部紀傳體斷代史書。和帝時因事牽連，入獄至死。㊲毛公　漢初傳授《詩經》的學者，有大、小毛公之別。大毛公指毛亨，魯人，一說河間人，著有《毛詩故訓傳》，以傳毛萇。毛萇，趙人，人稱「小毛公」，河間獻王博士，官至北海太守，以治《詩經》著稱。時言《詩》者有齊、魯、韓三家，後三家皆廢，毛詩大行。㊳貫公　西漢時趙人，為河間獻王博士，從賈誼受《春秋左氏傳訓故》。其子貫長卿，受《詩》於毛公，為蕩陰令。㊴辯不入道　有辯才，但所言並不符合聖人之道。㊵資給　天資聰穎，言語便捷。㊶樂毅　戰國時中山靈壽人，善兵，燕昭王拜為上將。聯合趙、楚、韓、魏伐齊，攻佔七十餘城，以功封昌國，號昌國君。燕惠王繼位，齊行反間計，樂毅出奔趙國，卒於趙。㊷曹丘生　西漢楚人，能言善辯。漢將季布任俠尚義，因得曹丘生讚揚，聲名鵲起。後以「曹丘生」作為引薦的代稱。㊸驍雄　勇猛雄傑。㊹白起　戰國時秦將，又稱公孫起，郿人。善用兵，攻城伐野，陷敵七十餘城，南定漢中，北破趙括，坑趙降卒四十萬。封武安君。後與范雎有隙，稱病不起，免為士，賜死自盡。㊺韓信　漢初軍事家，淮陰人。初屬項羽，繼歸劉邦，拜為大將。輔佐劉邦擊滅項羽，封楚王。與張良、蕭何並稱「三傑」。後降為淮陰侯，為呂后所殺。㊻人臣　臣子；臣下。㊼主德不預　謂與君主無涉。主德，以德主天下者。代指君王。不預，不參預其事；無關。

【語譯】那些道德品行高尚美好、儀容舉止可資效法的人，稱作清節家，延陵季札、晏嬰是其代表人物。創建法規制度，能使國家強盛、人民富足的人，稱作法家，管仲、商鞅是其代表人物。思想通達萬物變化、計謀策略奇譎神妙的人，稱作術家，范蠡、張良是其代表人物。兼有德、法、術三方面的才能，三方面都很完備，道德品行足以激勵世俗風氣，建制立法足以規範天下行為，權謀法術足以克敵致勝的人，稱作國體，伊尹、呂望是其代表人物。兼有德、法、術三方面的才能，但三方面都還薄弱，其德行足以成為郡國的表率，立法足以匡正地方風俗，權術足以處理各種庶務的人，稱作器能，子產、西門豹是其代表人物。兼有三才中某一方面才能的人，又各自形成一種流別：作為清節家亞流的人，不能寬弘待人，喜好譏責非難他人，執意辨明是非曲直，這種人稱作臧否，子夏之輩即屬此類。作為法家亞流的人，不能開拓思路，圖謀遠大前程，但能勝任一定的官職，專心致志於如何運用巧妙的方法和措施來進行治理，這種人稱作伎倆，張敞、趙廣漢即屬此類。作為術家亞流的人，不能創立制度、垂示法則，但能隨機應變，運用權術，權謀智略有餘，公平正直不夠，這種人稱作智意，陳平、韓安國即屬此類。以上八類，都以德、法、術三種才能為根基，因此，雖有像水流與水波那樣的主次之分，但都是能夠擔當某一方面事務的人才。能撰述文字著書立說的人，稱作文章家，司馬遷、班固即屬此類。能傳授古代聖人的學術思想，但不善於從政處理實際事務的人，稱作儒學，毛公、貫公即屬此類。擅長辯論，觀點未必合乎聖人之道，但應對自如、滔滔不絕的人，稱作口辯，樂毅、曹丘生即屬此類。膽力超群、才略過人的人，稱作驍雄，白起、韓信即屬此類。以上十二種都是擔當臣子的人才，君主應具備的才德不包括在內。

主德者，聰明平淡，總達眾才❶，而不以事自任❷者也。是故主道❸立，則十二才各得其任也。清節之德，師氏❹之任也。法家之才，司寇❺之任也。術家之才，三孤❻之任也。三才純備，三公❼之任也。三才而微，冢宰❽之任也。臧否之才，師氏之佐也。智意之才，冢宰之佐也。伎倆之才，司空❾之任也。儒學之才，安民❿之任也。文章之才，國史⓫之任也。辯給之才，行人⓬之任也。驍雄之才，將帥之任也。是謂主道得而臣道序⑬，官不易方⑭，而太平用成。若道不平淡，與一才同用好⑮，則一才處權⑯，而眾才失任矣。

【注釋】❶總達眾才　總攬各類人才。❷自任　原指自用、自以為是，此處指不擔當具體職事。❸主道　君主的治國之道。❹師氏　周代官名，掌輔導王室、教育貴族子弟及朝儀得失之事。❺司寇　周代官名，主管刑獄，為六卿（冢宰、司徒、宗伯、司馬、司寇、司空）之一。後世亦稱刑部尚書為大司寇、侍郎為少司寇。❻三孤　周代稱少師、少傅、少保為三孤。三孤為三公之副。❼三公　周代稱太師、太傅、太保為三公。三公是輔佐國君執掌軍政的最高官員。❽冢宰　周代官名，為六卿之首，又稱太宰。主國政，統理百官，均平海內。後世亦稱吏部尚書為冢宰。❾司空　周代官名，掌工程、建築、製造、車服、器械。後世亦稱工部尚書為大司空。❿安民　安撫百姓。⓫國史　國家的史官，掌記載國家大事、修編史書之事。周代有大史、小史、外史、御史，皆稱國史。⓬行人　周代官名，掌朝覲聘問。又有大行人、小行人之分。大行人掌天子與諸侯間重大活動的禮儀，小行人掌接待賓客。後為使者的通稱。⓭主道得而臣道序　謂君主之道確立而人臣之道就會井然有序。序，序列；依次排列。⓮官不易方　謂官員不改變為官之道。方，道理；常規。⓯用好　任用自己所偏好的。⓰處權　擁有權力。

【語譯】作為君主，秉性聰明而平淡，因此，能總攬各方面的人才，而不是由自己親自承擔具體事務。所以，君主的治國之道一旦建立，上述十二種類型的人才就能夠得其所用。具備清節家德行的人，可以擔任師氏職務；具備法家才能的人，可以擔任司寇職務；具備術家才能的人，可以擔任三孤職務；德、法、術三才全備的人，可以擔任三公職務；三才兼具但微薄而不純備的人，可以擔任冢宰職務；具有褒貶品鑑能力的人，可以擔任師氏的助手；具有智慧識見的人，可以擔任冢宰的佐官；掌握某種技能、措意工巧的人，可以委以司空之職；具備儒家學識的人，可以擔當安民教化的任務；具備寫作才能的人，可以派他們去編纂國史；能言善辯的人，可以充當使臣；驍勇雄強的人，可以拜為將帥。這就是所謂人君之道確立而人臣之道井然有序的道理。各級官員只要不違背自己的職守，天下就會太平，事業就能告成。但是，如果人君不能掌握聰明平淡的治理方法，而與偏才一樣，在用人方面有所偏好，那麼，一旦這類偏才擁有了權力，其他各類人才就會被埋沒而得不到合理的任用。

【研　析】本篇主要論述人才的分類與使用問題。

劉邵將臣才分為清節家、法家、術家、國體、器能、臧否、伎倆、智意、文章、儒學、口辯、雄傑等十二種類型，稱「十二流業」。

前八種人才，皆以德、法、術三才為本，以其才質成分的不同，分成兼才與偏才兩大類型。兼才型人才有國體與器能兩種，他們又有層次上的區別。國體之人，「三才皆備」，「其德足以厲風俗，其法足以正天下，其術足以謀廟勝」，是兼才中的一流之才，可擔三公（宰相）之任。器能之人，雖然兼有三才，但「三才皆微」，「其德足以率一國，其法足以正鄉邑，其術足以權事宜」，是兼才中的亞流之才，可擔冢宰（吏部尚書）之任。其餘六種皆為偏才。其中，清節家、法家、術家為一流之才，臧否、伎倆、智意本於上述三家，但與之相比，有所不足，因此成為他們的亞流，列入第二層次。如術家與智意，雖然都長於策謀，但術家「思通道化，策謀奇妙」，而智意之人則

「不能創制垂則，而能遭變用權，權智有餘，公正不足」。兩相比較，孰高孰低，顯而易見。

上述八種人才，雖波流各別，但都長於治事，是治理國家的良才。

文章、儒學、口辯、雄傑四種為專業型人才，是某一領域的出類拔萃者，當委以專任。如文章之才可以修國史，雄傑之才可以當將帥。

劉邵認為，「能出於才」，不同類型的人才具有不同的能力，因此，要因才而任，才能充分發揮其作用。他將官職分成兩類：總領政務官和分理部門官。總領政務官由兼才型人才擔任，分理部門官由偏才型人才擔任。當某一臣才獨任某一官職有困難時，必須配備另一臣才去輔佐。也就是說，當某一臣才不適宜擔任主任官職時，就應該去做別人的副手。劉邵認為，偏才相補，是解決人才自身缺陷的有效方法。

在君才與臣才的關係問題上，劉邵主張君才治國，臣才任官。君主不宜與臣屬爭鋒，而應以用人為能。他的這一思想是對先秦以來君臣觀的補充與發揮。《淮南子》中說：「君臣異道則治，同道則亂。」君主的能力再強，也不能代替臣職，以事自任，而應把注意力集中在識別和選拔人才上，「總達眾才」，為己所用。這樣，「主道得而臣道序」，各類人才得其所任，各級官員勤於職守，就能事業興旺，天下太平，這就是君逸臣勞的君臣之道。

從歷史上看，中國很早就有人對人物才品進行過分類，如孔子將弟子分為德行、言語、政事、文學四科；荀子將人才分為聖人、君子和士三類；管子將人臣分成法臣、飾臣、侵臣、諂臣、愚臣、姦臣、亂臣七種；漢武帝按德行高妙、志節清白、學通行修經中博士、明達法令足以決疑、剛毅多略遭事不惑四科選取官員。這些思想都曾產生過重要影響，但由於種種原因，都顯得粗疏而不夠系統。劉邵之後，宋代的司馬光將人分為聖人、君子、小人和愚人四種；秦觀則分為「有成才者，有奇才者，有散才者，有不才者」四個等級。這兩種理論都以德和才的具備程度作為分類的標準，雖有其獨到之處，但作為封建國家設官分職的理論依據，則顯得空泛而不切實際。

劉邵在總結前人研究成果的基礎上，將人才分類的理論大大推進了一步。首先，他把君才與臣才區分開來。對臣才，他以德、法、術三才為依據，分為十二流品。十二才又細分成兼才型、偏才型與專業型人才數種。根據他們各自的才質，說明其所宜擔任的職務。分別源流，評騭優劣，其分類理論系統而又明晰。因此，如果說劉邵的人才分類思想代表了封建國家選官分類理論的最高水準，恐怕並非溢美之辭。

才理第四

夫建事立義❶，莫不須理而定。及其論難❷，鮮❸能定之。夫何故哉？蓋理多品而人異也。夫理多品，則難通；人才異，則情詭❹。情詭、難通，則理失而事違也。夫理有四部❺，明有四家❻，情有九偏❼，流有七似❽，說有三失❾，難有六構❿，通有八能⓫。

【注釋】❶建事立義　創建事業，樹立道德行為規範。義，謂符合正義或道德規範。❷論難　辯論詰難。❸鮮　很少。❹情詭　感情志趣相違背。詭，違背；違，違反。❺四部　四種類型。即下文所言「道之理」、「事之理」、「義之理」、「情之理」。❻明有四家　明曉「理」的有四方面的專家。明，明白；通曉。❼九偏　九種偏差。見下文「剛畧之人，不能理微」等。❽流有七似　流變成七種似是而非的現象。即下文「似有流行者」、「似若博意者」、「似若讚解者」、「似能聽斷者」、「似若有餘而實不知者」、「似悅而不懌者」。似，似是而非。❾說有三失　說理有三種失誤，即下文「以辭取勝之失」、「不善接論之失」、「不善喻之失」。❿難有六構　謂詰難會構成六種不良後果，即下文氣構、怨構、忿構、辭構、妄構、怒構。⓫通有八能　思通明達須有八種能力，即下文「聰能聽序」、「思能造端」、「明能見機」、「辭能辯意」、「捷能攝失」、「守能待攻」、「攻能奪守」、「奪能易予」。

【語譯】要創建事業，樹立道德規範，沒有不按一定的原則來進行的。而當人們辯論詰難時，卻很少能確定誰是誰非，這是什麼原因呢？因為事物的道理多種多樣，而每個人的情況又存在差別。道理一多，就難以溝通；人才各異，情志不免互相抵觸；情志抵觸，難以統一，於是就失去了標準而事事違背。道理有四種類型，通曉這四種類型的成為四種人才。人的情性會造成九種偏差，流變而成七種似是而非的現象。說理辯駁時會形成三方面的失誤，指責非難又會造成六種不良後果，聰明通達的人，必須具備八種才能。

若夫天地氣化❶，盈虛損益❷，道之理❸也。法制正事❹，事之理也。禮教宜適，義❺之理也。人情樞機❻，情之理也。

【注釋】❶氣化　謂陰陽之氣化育萬物。❷盈虛損益　謂事物的發展變化。盈，滿。虛，空。損，減少。益，增加。❸道之理　意謂自然規律。❹正事　匡正事物。正，整飭；糾正。❺義　通「儀」。禮儀；禮節。❻樞機　謂事物的關鍵所在。樞，門上的轉軸。機，弩上發箭的裝置。

【語譯】至於天地間萬物的生息變化，由盈而虛，由虛而盈，由損而益，由益而損，便是事物的大道常理。建立法制，整飭庶務，是人事運作的常理。用適當的禮儀來教化百姓，是實施道德規範的常理。喜怒哀樂、嗜欲好惡等情感觸動，是人情變化的常理。

四理不同，其於才也，須明而章❶，明待質❷而行。是故質於理合，合而有明，明足見理，理足成家。是故質性平淡，思心玄微❸，能通自然，道理之家也。質性警徹❹，權畧機捷❺，能理煩速❻，事理之家也。質性和平，能論禮教，辯其得失，義禮之家❼也。質性機解❽，推情原意❾，能適其變，情理之家也。

【注釋】❶章　通「彰」。顯現。❷質　資質；素質。❸玄微　深沉微妙。❹警徹　警悟徹通。❺權畧機捷　權變謀略，機智敏捷。❻煩速　繁雜急迫的事務。❼義禮之家　謂通曉倫理道德的倫理家。劉昞注：「以義為禮，故明於得失也。」❽機解　機敏穎悟。❾推情原意　推測性情，探究意味。

【語譯】以上四類道理不同，而對於人才來說，必須內心明達，才能彰顯道理。能否做到內心明達，又與其自身素質有關。人的素質與常理相吻合，就會有明晰的認識。認識明晰，才能掌握事物的規律，掌握了事物的規律，便足以成為這方面的專家。因此，稟性澹泊的人，思想玄奧細微，能通曉自然變化的法則，成為道理之家。稟性警悟徹通、謀略機變敏捷的人，能應付繁雜急迫的事務，成為事理之家。稟性平和的人，能談論禮儀教化，分辨是非得失，成為義禮之家。稟性機敏穎悟的人，善於推測他人的情性和意圖，能適應各種變化，成為情理之家。

四家之明既異，而有九偏之情。以性犯明，各有得失。剛略❶之人，不能理微。故其論大體，則弘博❷而高遠；歷纖理❸，則宕往❹而疏越❺。抗厲❻之人，不能迴撓❼。論法直，則括處❽而公正；說變通，則否戾❾而不入。堅勁❿之人，好攻其事實。指機理⓫，則穎灼⓬而徹盡⓭；涉大道⓮，則徑露⓯而單持⓰。辯給⓱之人，辭煩而意銳⓲。推人事⓳，則精識⓴而窮理㉑；即大義㉒，則恢愕㉓而不周。浮沉之人㉔，不能沉思。序疏數㉕，則豁達而傲博；立事要㉖，則爁炎㉗而不定。淺解之人，不能深難㉘。聽辯說，則擬鍔㉙而愉悅；審精理㉚，則掉轉㉛而無根。寬恕之人，不能速捷。論仁義，則弘詳㉜而長雅㉝；趨時務㉞，則遲緩而不及。溫柔之人，力不休彊㉟。味㊱道理，則順適而和暢；擬疑難，則濡懦㊲而不盡。好奇之人，橫逸㊳而求異。造權譎㊴，則倜儻㊵而瓌壯㊶；案㊷清道㊸，則詭常㊹而恢迂㊺。此所謂性有九偏，各從其心之所可以為理。

【注　釋】❶剛畧　剛強而粗略。❷弘博　宏大廣博。❸纖理　細微的事理。❹宕往　豪縱不羈。❺疏越　粗疏迂闊。❻抗厲　振奮激厲。❼迴撓　迴旋退讓。❽括處　約束；檢括。引申為遵守法度。❾否戾　乖戾。否，閉塞。戾，違背；不講情理。❿堅勁　堅強不屈。⓫指機理　揭示事物變化的道理。指，指出；揭示。⓬穎灼　謂聰穎明理。灼，明白。⓭徹盡　猶徹底。⓮大道　大道理。⓯徑露　徑直顯露。引申為膚淺。⓰單持　持其一端。引申為片面。⓱辯給　能言善辯。給，捷給；口齒伶俐。⓲意銳　用意急切。銳，急切；堅決。⓳人事　人世間的各種事情。⓴精識　見識精粹。㉑窮理　窮究事物的道理。窮，窮盡；窮究。㉒大義　正道；大原則。㉓恢愕　恢闊直率。㉔浮沉之人　指隨波逐流的人。㉕疏數　謂親疏遠近。疏，遠。數，近。㉖事要　事情的要旨。㉗爁炎　原指火勢蔓延，火焰飄動。此喻觀點搖擺不定。㉘深難　深入詰問。難，詰難；提出疑問。㉙擬鍔　用手指測試鋒刃，揣度其利鈍。引申為對問題尚不甚理解。擬，揣度；估量。鍔，刀劍的刃。㉚精理　精微的道理。㉛掉轉　顛倒反覆。㉜弘詳　弘大周詳。㉝雅　高尚；不俗。㉞時務　當前的要務。㉟休彊　美盛剛強。休，美善。彊，強勁。㊱味　體察；體味。㊲濡愞　柔順軟弱。濡，柔順；容忍。愞，軟弱；怯懦。㊳橫逸　縱橫奔放，不受拘束。㊴權譎　權謀詭詐。㊵倜儻　卓異不凡。㊶瓌壯　奇偉壯麗。瓌，同「瑰」。奇異；珍奇。㊷案　考察。㊸清道　清靜無為之道。㊹詭常　違反常規。詭，違反。㊺恢迂　猶迂闊。

【語　譯】以上四家的聰明才智存在著差異，而人的性情又產生九種不同的偏向，以各自的性情干擾人的卓智明識，在認識上有得有失。剛強粗略的人，不能深入事物的細微處，因此，從總體上闡述問題時，顯得視野開闊，見識高遠；而一旦具體分析細微的事理，就會不著邊際，粗疏迂闊。志氣振奮的人，不懂得迴旋避讓，談論法規職守時，能夠遵法自律，秉公辦事；但說到變通，就顯得乖張固執，與人格格不入。堅強勁直的人，一味講求實際，揭示事物細微的機理，顯得明白透徹；但涉及重大理論問題時，就變得膚淺而片面。能言善辯的人，辭藻豐富，反應敏捷，推究具體的人事庶務，顯得見識精到，能窮究事理；但一接觸根本性的大問題，就變得迂闊木訥，說不周全。隨波逐流的人，不善於深思熟慮，與他閒聊漫談，序列親疏遠近的各種關係時，顯得豁達開通，情態傲岸，胸懷博大；但確立事物要旨時，就變得飄忽不定，缺乏主見。見識膚淺的人，不能深入提問詰難，聽別人論辯敘述時，雖然不甚理解，但容易認同，並流露出歡快愉悅之情；而審核精微的道理時，就會顛倒混亂，無從把握。寬宏大量的人，思維不夠敏捷，談論仁義道德時，廣博周詳，迂徐文雅；但處理當前實際問題時，就顯得思維遲緩，跟不上形勢。溫和柔順的人，缺少強勁有力的氣勢，領會道理時，平順和諧而通暢；分析疑難問題時，就變得柔弱無力，不能堅持自己的觀點。喜新好奇的人，奔放飄逸，思想不受拘束，追求的是與眾不同，運用權謀機詐，卓異不凡，奇偉壯觀；而考察清靜無為之道時，就變得一反常規，恢誕迂闊。這就是我們通常所說的性情有九種偏向，而各種偏頗之人都會依據其本性，認為自己的所作所為是合乎道理的。

若乃性不精暢❶，則流有七似：有漫談陳說，似有流行❷者；有理少多端❸，似若博意❹者；有迴說合意❺，似若讚解❻者；有處後持長❼，從眾所安，似能聽斷❽者；有避難不應，似若有餘而實不知者；有慕通❾口解❿，似悅而不懌⓫者；有因勝情失，窮而稱妙⓬，跌則掎蹠⓭，實求兩解，似理不可屈者。凡此七似，眾人之所惑也。

【注釋】❶精暢 精純順暢。❷似有流行 謂浮言流說，似乎可以流布。❸多端 繁雜多頭緒。❹博意 謂知識廣博。❺迴說合意 迂迴說法，曲意逢迎。❻讚解 讚許、理解。❼處後持長 謂論辯中不率先發表見解，處在眾人之後，持大家都能接受的觀點。❽聽斷 聽取陳述，作出判斷。❾慕通 仰慕通達之才。❿口解 說起來似乎理解。⓫似悅而不懌 劉昞注：「有似於解者，心中漫漫不能悟。」懌，悅服。⓬窮而稱妙 辭窮，卻以為妙言未盡。窮，言辭窮盡。⓭跌則掎蹠 謂理屈辭窮，仍然強詞奪理。掎，牽引。蹠，原指足跟、腳掌，引申為支撐。

【語譯】如果性情不精純順暢，就會流變出七種似是而非的假象：有的人陳辭濫調，漫無邊際，卻好像所說的切實可行。有的人說話並沒有什麼道理，但頭緒雜亂繁多，誇誇其談，好像知識十分廣博。有的人迂迴說法，曲意逢迎，雖然並不明白別人的意思，卻擺出一副理解贊同的模樣。有的人不率先發表自己的看法，等看清楚了大多數人的觀點，便迎合附和，人云亦云，似乎很能聽取眾說，作出判斷。有的人有意繞開疑難問題，避而不答，似乎胸有成竹，其實一無所知。有的人仰慕通達之才，說起話來，表情愉悅，似乎心領神會，事實上並未通曉。有的人爭強好勝，雖然理屈辭窮，卻認為自己妙言未盡，強詞奪理，實際上是想使兩種對立觀點都能說通，似乎他的道理是不可折服的。以上七種似是而非的現象，正是眾人容易迷惑之處。

夫辯，有理勝，有辭勝。理勝者，正白黑❶以廣論❷，釋微妙而通之；辭勝者，破正理❸以求異，求異則正失矣。夫九偏之才，有同，有反，有雜。同則相解，反則相非，雜則相恢❹。故善接論❺者，度❻所長而論之，歷❼之不動，則不說也。傍❽無聽達❾，則不難❿也。不善接論者，說之以雜反。說之以雜反，則不入矣。善喻者，以一言明數事。不善喻者，百言不明一意。百言不明一意，則不聽也。是說之三失也。

【注　釋】❶正白黑　匡正是非曲直。❷廣論　旁徵博引，廣而論之。❸正理　正確的道理、理論。❹相恢　相互容納。❺接論　猶接談；與人辯論。❻度　揣度；推測。❼歷　經過。❽傍　同「傍」。旁邊。《正字通・人部》：「傍，《說文》：『近也，一曰近之也，本作傍。』」❾聽達　謂能聽懂的聽眾。達，理解；通曉。❿難　詰難辯駁。

【語　譯】在辯論中，有的人以道理取勝，有的人以言辭取勝。以道理取勝的人，匡正是非得失，廣泛地展開論述，解釋細微深奧之處，最後貫而通之。以言辭取勝的人，否定正確的道理而追求新異。一味追求新異，就會喪失正確的東西。九種偏才，他們的才能有的方面相同，有的方面相反，也有的方面相互夾雜。相同的就互相理解，相反的就互相排斥，夾雜的就相互包容。因此，善於辯論的人，能忖度對方的長處而與之說理。如果論述打動不了對方，就不再說下去。身旁沒有能夠聽懂的人，也就不再詰難辯駁。不善於辯論的人，卻用與論題無關或對方不感興趣的談話企圖說服人。用這種方法來說理，自然不會被人接受。善於曉諭開導的人，能用一句話說明幾件事情。不善於闡明事理的人，一百句話都說不清楚一個意思。一百句話說不清楚一個意思，就沒有人願意聽你說。這就是辯論中可能出現的三種失誤。

善難者❶，務釋事本❷。不善難者，舍本而理末。舍本而理末，則辭構❸矣。善攻彊❹者，下其盛銳❺，扶其本指❻，以漸攻之。不善攻彊者，引其誤辭，以挫其銳意❼。挫其銳意，則氣構❽矣。善躡失❾者，指其所跌❿。不善躡失者，因屈⓫而抵⓬其性。因屈而抵其性，則怨構⓭矣。或常所思求，久乃得之。倉卒諭人⓮，人不速知，則以為難諭⓯。以為難諭，則忿構⓰矣。夫盛難⓱之時，其誤難迫⓲。故善難者，徵之使還⓳。不善難者，淩而激之⓴，雖欲顧藉㉑，其勢無由㉒。其勢無由，則妄構㉓矣。凡人心有所思，則耳且不能聽。是故並思俱說，競相制止，欲人之聽己，人亦以其方思㉔之故，不了己意，則以為不解。人情莫不諱㉕不解。諱不解，則怒構㉖矣。凡此六構，變㉗之所由㉘興也。

【注釋】❶善難者　善於詰難辯駁的人。❷事本　事物的根本。❸辭構　造成爭論。構，構成；造成。❹彊　指強橫之人、強梁。❺下其盛銳　避其旺盛的銳氣。❻扶其本指　抓住其要旨。扶，沿著。本指，同「本旨」。❼銳意　堅定的意志。❽氣構　構成惱怒。❾躡失　追究別人過失。躡，追蹤；追究。❿跌　跌失；失誤。⓫屈　虧。指論辯中理屈。⓬抵　冒犯；觸犯。⓭怨構　結成怨恨。怨，怨恨；仇恨。⓮諭人　告訴別人。諭，告訴；使人知曉。⓯難諭　難以使人理解。⓰忿構　構成忿恨。忿，憤怒；忿恨。⓱盛難　激烈的詰難辯駁。⓲其誤難迫　難以迫使其承認錯誤。⓳徵之使還　意謂使對方從氣盛辭誤的褊急情緒之中還轉為心平氣和，以利於聽取意見，達成共識。⓴淩而激之　侵侮而刺激對方。淩，侵犯；欺侮。激，刺激；激怒。㉑顧藉　顧念；顧惜。㉒無由　沒有門徑；沒有辦法。㉓妄構　構成妄誕之語。妄，胡亂；妄誕。㉔方思　正在思考。㉕諱　忌諱。㉖怒構　引起憤怒。㉗變　變化。此謂糾紛、紛爭。㉘由　原由；原因。

【語譯】善於詰難辯駁的人，務求解釋清楚事物的根本。不善於詰難辯駁的人，捨本逐末，抓不住事物的本質。捨本逐末，就會造成雙方爭論不休。善於駁議強勁對手的人，能避開對方強盛的銳氣，理清問題的要旨，逐步加以抨擊。不善於駁議強勁對手的人，只會引用對方言語中的失誤，以挫傷他的銳氣，但這只能引起對方的惱怒。善於抓住對方過失的人，只是指出對方的失誤，並不揪住不放。而不善於抓住對方過失的人，趁對方理屈辭窮時，一心想從根本上挫敗對手，這必然引起對方的怨恨。有的人經常在思考某個問題，想了很久，想明白了匆忙去告訴別人，別人還沒來得及領會，他就認為別人難以理解。認為別人難以理解，雙方就會構成忿爭。在爭辯激烈的時候，對方言辭有誤，不宜緊追不放。因此，善於詰難辯駁的人，努力使對方回到正常的情緒上來，心平氣和地討論問題。而不善於詰難辯駁的人，盛氣淩人，刺激人家，即使對方願意承認錯誤，但那種氛圍已使人無法做到這一點。而失去認錯的機會，便會造成對方妄誕胡言的後果。大凡一個人專心致志思考問題時，就聽不到外界的聲音。辯論中，雙方邊思索邊訴述，競相設法制止別人，使人家同意自己的觀點。而此時，由於對方正在思考的緣故，不明白你的意思，於是就認為對方聽不懂。人之常情，都忌諱別人說自己聽不懂。冒犯了別人的忌諱，必然引起對方的憤怒。以上六種情狀，都是紛爭產生的原因。

然雖有變構，猶有所得。若說而不難，各陳所見，則莫知所由矣。

由此論之，談而定理者，眇❶矣。必也聰能聽序❷，思能造端❸，明能見機❹，辭能辯意❺，捷能攝失❻，守能待攻，攻能奪守，奪能易予❼。兼此八者，然後乃能通於天下之理。通於天下之理，則能通人矣。不能兼有八美❽，適❾有一能，則所達者偏，而所有異目❿矣。是故聰能聽序，謂之名物⓫之才。思能造端，謂之構架⓬之才。明能見機，謂之達識⓭之才。辭能辯意，謂之贍給⓮之才。捷能攝失，謂之權捷⓯之才。守能待攻，謂之持論⓰之才。攻能奪守，謂之推徹⓱之才。奪能易予，謂之貿說⓲之才。

【注　釋】❶眇　很少。❷聰能聽序　謂善於聆聽別人的陳述。聰，聽覺敏銳。序，通「敘」。陳述。❸造端　創造發明。❹明能見機　謂能看清事物變化的根由。明，視力好。機，事物變化的關鍵。❺辯意　辯析意旨。❻捷能攝失　反應敏捷，能及時補救過失。攝失，抓住失誤之處。❼易予　變換所給予的。劉昞注：「以子之矛，易子之盾，則物主辭窮。」意謂能用「以子之矛，易子之盾」的方法，使對方陷入被動。❽八美　謂上述「聰能聽序」等八種優點。❾適　只；僅。❿異目　不同的名稱。⓫名物　辨別事物的名稱與特徵。⓬構架　構建框架。引申為構思創造。⓭達識　通達而有識見。⓮贍給　謂辭令豐富，言語辨捷。贍，充裕。⓯權捷　應變敏捷。⓰持論　堅持正論。⓱推徹　推究事理，以求透徹。引申為積極進取。⓲貿說　謂擅長辭令。貿，變易。說，言論；主張。

【語　譯】然而，雖然爭論會引起不良後果，但仍然會有所收穫。如果辯論中各人只顧陳述自己的看法，沒有質疑詰難，那麼，人們就會因弄不清什麼是正確的而變得無所適從。由此而論，只陳述而不辯論就能得出確定的結論，這種情況是少有的。因此，在辯論中，要善於聽取，把握問題的先後主次；要敏於思考，有所創見；要有智慧，能看出事物的發展變化；言辭要合宜，能表達自己的意見和看法；要反應敏捷，能及時發現失誤所在；要堅於防守，能抵禦對手的進攻；要勇於進攻，能擊破對方的防線；要用「以子之矛，易子之盾」的方法，使對手陷於被動。如果兼備了以上八種能力，才能通曉天下的道理。通曉了天下的道理，才能夠說服別人。如果一個人不能兼備這八種能力，只是具備其中的一種才能，那麼，他所達到的成就只會偏於某一方面，並以他所具有的這種才能而獲得某種稱呼。因此，聰明叡智足以判斷事物發展規律的人，稱作名物之才；善於思索富有見解的人，稱作構架之才；清醒明識洞悉事物變化機理的人，稱作達識之才；言語辨捷詞能達意的人，稱作贍給之才；反應迅速能及時補救失誤的人，稱作權捷之才；堅於防守能抵禦對方進攻的人，稱作持論之才；主動出擊能克敵致勝的人，稱作推徹之才；駁斥對方時，能用「以子之矛，易子之盾」的方法使之困窘的人，稱作貿說之才。

通才之人，既兼此八才，行之以道。與通人❶言，則同解而心喻❷。與眾人言，則察色而順性。雖明包眾理❸，不以尚人❹。聰叡資給❺，不以先人。善言出己，理足則止。鄙誤❻在人，過而不迫❼。寫❽人之所懷，扶❾人之所能。不以事類❿犯人之所婟⓫，不以言例及己之所長，說直說變⓬，無所畏惡⓭。采蟲聲之善音⓮，贊愚人之偶得。奪與有宜⓯，去就不留。方其盛氣，折謝不悋⓰。方其勝難，勝而不矜⓱。心平志諭，無適無莫⓲，期於得道而已矣。是可與論經世⓳而理物⓴也。

【注釋】❶通人 學識淵博、貫通古今的人。❷心喻 謂內心明瞭。喻，明白；了解。❸明包眾理 謂明白眾多道理。❹尚人 凌駕於人。尚，超出；高出。❺聰叡資給 天資聰敏，言語便捷。叡，智慧；明智。資，資質；天賦。給，口齒伶俐。❻鄙誤 淺陋與失誤。鄙，庸俗；淺薄。❼過而不迫 謂指出他人錯誤，但並不苦苦相逼。❽寫 傾訴；表達。❾扶 扶植；扶持。❿事類 同類之事。⓫婟 忌諱；隱私。⓬說直說變 發表正直的看法，駁斥怪誕的言論。變，變詐。此指怪誕之論。⓭畏惡 猶畏懼。《戰國策・魏策二》：「魏王之愛習魏信也，甚矣！其智能而任用之也，厚矣！其畏惡嚴尊秦也，明矣。」鮑彪注：「惡，猶憚也。」⓮采蟲聲之善音 在嘈雜的蟲聲中選取好聽的聲音。謂不以聲醜而棄其善。⓯奪與有宜 爭奪退讓，適度合宜。與，給予。引申為退讓。有宜，合宜；適宜。⓰折謝不恡 謂不惜屈尊向人致歉。折，屈服；屈尊。謝，道歉。不恡，不惜。江淹《文選・陳思王詩》：「君王禮英賢，不恡千金璧。」李善注：「孔安國《尚書》傳曰：恡，惜也。」⓱矜 誇耀；驕傲。⓲無適無莫 謂無所厚非，無所偏頗。適，專主。指主觀的肯定。莫，不可。指主觀的否定。《論語・里仁》：「君子之於天下也，無適也，無莫也，義之與比。」⓳經世 治理世事。⓴理物 猶言治民。《白虎通・誅伐》：「王者承天理物，故率天下靜，不復行役，扶助微氣，成萬物也。」

【語譯】通才這類人，既兼備上述八種才能，又能順應事理，在實踐中推行實施。他們與學識淵博的人交談，因認識一致而相互理解；與一般人交談，則能察言觀色，順應其脾性。雖然他們內心明瞭許多道理，但並不自視高明而凌駕於人。雖然他們天資聰穎、口齒伶俐，但並不急於表現自己，搶在人先。他們只求說出正確的觀點，道理講清了就不再多費口舌。對於別人言語中的鄙陋和錯失，指出來但並不抓住不放，緊緊追逼。他們能設身處地地為人著想，闡述對方所要表達的意思，扶植和肯定其才能，不用某些類似的事情觸犯對方的忌諱和隱私，也不以言設例，顯耀自己的優點長處。發表正直的看法，駁斥怪誕的言論，無所畏懼。他們善於採納意見，能從嘈雜的蟲鳴聲中選取優美的聲音，從愚夫千慮之中，挖掘其偶然一得。據理力爭，謙和退讓，適度合宜。或去或留，不猶豫徬徨。當對方氣盛志得時，能克制情緒，不以謙卑遜謝為恥辱；而當對方不能取勝自己時，對於成功，也不沾沾自喜。心境平和，志氣開朗，無所厚非，無所偏頗，只是期望自己的言行符合道義而已。對於這樣的人，我們可以和他們談論治國安民的道理了。

【研　析】本篇主要論述「才」與「理」之間的關係，涉及辯論中的若干問題，提出「四部之理」、「四家之明」、「九偏之情」、「七似之流」以及「三失之論」、「六構之難」、「八通之能」等論點。劉昞注釋篇名說：「才既殊途，理亦異趣。故講群才，至理乃定。」

劉邵認為，天下之理有多種，而人情詭異，因此，常常會出現「理失而事違」的現象。理有四部，一曰道之理，是關於天地氣化盈虛損益的學問，大致相當於現代概念中的哲學；二曰事之理，是關於法制政事的學問，大致相當於政治；三曰義之理，是關於禮教宜適的學問，大致相當於倫理學；四曰情之理，是關於人情樞機的學問，大致相當於心理學。這四者是天地自然、社會人事的基本原理。人的素質必須合乎這些理，才能有所成就。由於人的情性、資質不同，對各種理的領悟也不一樣。有的人明白這種理，有的人明白那種理，只有「質與理合」，才會「合而有明」，產生清晰的認識，於是便有了「四家之明」。「明足見理，理足成家」，與之相對應，便有了「道理之家」、「事理之家」、「義理之家」、「情理之家」。這四家，既有所明，又有所蔽。由於人的情性各有所偏，「以性犯明」，便會出現九種偏失。〈體別〉篇是以中庸為標準將人才分成十二種類型，指出其缺陷在於拘抗失度。此篇則從人的才性與常理的關係上說明才性的九種偏失。九偏產生的原因是：「各從其心之所可以為理。」即固執己見，自以為是。

由於人的性情不純一通暢，內部情愫與外部表徵就不會完全一致，於是流別成七種似是而非的現象，即實質相異的心理品質，劉卲稱之為「七似」。如，有的人漫談陳說，娓娓動聽，似乎可以實行，其實不然；有的人曲意逢迎，不知為知，似乎已經領悟，其實並未理解……這七種表裡不一的現象使人產生種種迷惑，自然增加了才性鑑定的困難程度。

接著，劉卲探討了論辯過程中存在的「三失」、「六構」等現象，列出說理之人應具備的八種能力。

所謂「三失」，指辯論時不考慮對方的特點和聽眾的心理狀況；所談內容與主題相反、相雜；不善於引用比喻，用一百句話也說不清楚一種意思。這三種疏失是辯論中常有的情況。

所謂「六構」，指人們從各自的情性和立場出發，以致在辯論的過程中出現「辭構」、「氣構」、「怨構」、「忿構」、「妄構」和「怒構」六種心理衝突。劉卲認為這些心理衝突都是由於辯論不當所引起的。雖然這種辯論會造成雙方的憤恨，但猶有所得。假如光有陳說而不加質詢，就無法知曉誰是真正的有用之才。

要解決辯論中的疏失，必須具備「八通之能」。所謂「八通之能」，即「聰能聽序」、「思能造端」、「明能見機」、「辭能辯意」、「捷能攝失」、「守能待攻」、「攻能奪守」、「奪能易予」。只有兼備這八種能力，才能「通於天下之理」；通於天下之理的人，才是學識淵博之人。「不能兼有八美，適有一能」的，就是偏才。與此相應的偏才也有八種，即「名物之才」、「構架之才」、「達識之才」、「贍給之才」、「權捷之才」、「持論之才」、「推徹之才」、「貿說之才」。兼通上述八種能力的，就是通才。通才是最為擅長說理之人。

最後，劉邵論述了通才辯論說理時必須遵循的十項心理原則，為本篇作結。這些心理原則包括「察色而順性」、「雖明包眾理，不以尚人」、「善言出己，理足則止」、「鄙誤在人，過而不迫」等。這些原則既可看作為人處世的經驗之談，也可看作辯論時的技能技巧，給人的啟示良多。

從東漢末年以來，品評人物成為社會普遍關注的問題，在本篇，我們不難感受到這種論辯之風帶來的影響。

卷中

才能第五

或曰：人才有能大而不能小，猶函牛之鼎❶，不可以亨雞。愚❷以為此非名❸也。夫能之為言，已定之稱，豈有能大而不能小乎？凡所謂能大而不能小，其語出於性有寬急❹。性有寬急，故宜有大小❺。寬弘之人，宜為郡國❻，使下❼得施其功，而總成其事。急小❽之人，宜理百里❾，使事辦於己。然則郡之與縣，異體之大小者也。以實理❿寬急論辨之，則當言大小異宜，不當言能大不能小也。若夫雞之與牛，亦異體之小大也，故鼎亦宜有大小。若以亨犢，則豈不能亨雞乎？故能治大郡，則亦能治小郡矣。推此論之，人才各有所宜，非獨大小之謂也。

【注釋】❶凾牛之鼎　能夠烹煮整條牛的大鼎。凾，「函」的俗體字。容納。鼎，古代烹煮用的金屬容器，多為圓形，三足二耳。❷愚　自稱謙辭。我。❸非名　不合名分。此謂觀點不正確。❹寬急　寬弘大量與褊狹急躁。❺大小　謂治理大事與小事的區別。劉昞注：「寬弘宜治大，急切宜治小。」❻郡國　郡和國的並稱。漢初，分天下為郡與國。郡直屬中央，國分封諸王侯，稱王國，區域相當於郡。郡、國均是較大的地方區域。❼使下　屬下；手下的人。❽急小　性情褊急，氣量狹小。❾百里　古代一縣轄地約百里，故以百里為縣的代稱。❿實理　真實的情況；真情。

【語譯】有人說，才能大的人只能做大事而不能做小事，就好像能煮一頭牛的大鼎不可以用來煮雞一樣。我認為這種說法是欠妥當的。才能作為語辭，是一個有特定內涵的名稱，哪有一個人只能做大事而不能做小事的道理呢？所謂能力強的人只能做大事而不能做小事，這種說法源於人的性格有寬弘大量和急躁狹小的區別。性格有寬緩有急躁，因此，人才治理的範圍也應有大小之別。寬弘大量的人，適宜治理郡國，使手下的人各自施展其才能，而由他總其成。性格急躁心胸狹小的人，適宜治理方圓百里的縣城，親自處理各種事務。然而，郡和縣只是區域範圍大小不同而已，從人的性格有寬緩、急躁這樣的實際情況來分析，應當說，人的才能有大有小，各不相同，各自做與其能力相適宜的事，而不能說能夠做成大事的人，就不能做小事。至於雞與牛，也是在形體上存在著大小區別，因此，鼎也應該有大小之分。假如一只鼎可以用來煮牛犢，難道就不能用來煮雞嗎？所以說，能夠治理好一個大郡的人，同樣也能治理好一個小郡。由此推論，人才各有適宜他們擔當的職務，而不是僅僅用「大小」兩字所能概括的。

夫人才不同，能各有異。有自任❶之能，有立法使人從之之能，有消息辨護❷之能，有德教師人❸之能，有行事使人譴讓❹之能，有司察糾摘❺之能，有權奇❻之能，有威猛之能。

夫能出於才，才不同量。才能既殊，任政❼亦異。是故自任之能，清節之才也。故在朝也，則冢宰❽之任；為國❾，則矯直❿之政。立法之能，治家⓫之才也。故在朝也，則司寇⓬之任；為國，則公正之政。計策⓭之能，術家⓮之才也。故在朝也，則三孤⓯之任；為國，則變化之政⓰。人事⓱之能，智意⓲之才也。故在朝也，則冢宰之佐⓳；為國，則諧合⓴之政。行事之能，譴讓之才也。故在朝也，則司寇之任；為國，則督責㉑之政。權奇之能，伎倆㉒之才也。故在朝也，則司空㉓之任；為國，則藝事㉔之政。司察之能，臧否㉕之才也。故在朝也，則師氏㉖之佐；為國，則刻削㉗之政。威猛之能，豪傑㉘之才也。故在朝也，則將帥之任；為國，則嚴厲之政。

【注釋】❶自任　修己潔身，自覺承擔責任。❷消息辨護　謂調停治理。消息，消滅與生息。引申為協調。辨護，照管；監護。引申為治理。《墨子·號令》：「養吏一人，辨護諸門。」注：「辨護，猶言監治也。」❸德教師人　布德施教，為人師表。❹譴讓　譴責；責備。此指督責。❺司察糾摘　執掌監察，揭發糾正。司，掌管。察，考察。摘，揭發。❻權奇　權變奇譎。❼任政　執掌某種政務。❽冢宰　周代官名，為六卿之首，輔佐天子。詳見〈流業第三〉注。❾為國　治理國家。❿矯直　矯正邪曲，使之正直。⓫治家　治理家事。引申為治理國家。⓬司寇　周代官名，掌刑獄、糾察。詳見〈流業第三〉注。⓭計策　計謀策略。⓮術家　精通權謀的人。⓯三孤　周代官名，即少師、少傅、少保，為三公之副。詳見〈流業第三〉注。⓰變化之政　靈活機動的政策。⓱人事　人情事理；人際交往。⓲智意　智慧識見。⓳佐　輔助官員。⓴諧合　和諧；協調。㉑督責　督察責罰。㉒伎倆　技能；技藝。㉓司空　周代官名。掌工程建築、製造等事。詳見〈流業第三〉注。㉔藝事　技藝；技術。㉕臧否　原指善惡是非，引申為褒貶品評。㉖師氏　周代官名，為統兵之官。詳見〈流業第三〉注。㉗刻削　本意雕刻與刮削，引申為苛刻、嚴酷。㉘豪傑　《呂氏春秋·功名》：「人主賢則豪傑歸之。」注：「才過百人曰豪，千人曰傑。」

【語譯】人的素質不同，能力各有差異。有人能潔身修己、自覺承擔責任；有人能創制立法、使人遵從；有人能調停治理；有人能布德施教、為人師表；有人能辨理事務、督責他人；有人能執掌監察、揭發糾正；有人能權變奇譎；有人能勇武威猛。

人的能力決定於自身的素質，素質不同，才能就各有差異，擔任的職務也應該有區別。因此，能修己潔身、自覺承擔責任的人，屬於清節家這類人才。在朝廷，可以出任冢宰的職務；治理國家，能推行矯枉扶直的政策。具有創制立法才能的人，是治理國家的人才。在朝廷，可以出任司寇的職務；治理國家，能實施公正無私的政治。有計謀策略的人，屬於術家這類的人才。在朝廷，可以出任三孤的職務；治理國家，會實行靈活多變的策略。通曉人情事理的人，屬於智意這類人才。在朝廷，可以擔任冢宰的副手；治理國家，能協調各種矛盾，諧和內政外交各個方面。辦事能力突出的人，屬於譴讓這類人才。在朝廷，可以出任司寇的職務；治理國家，能勝任督察責罰百官的職責。有奇譎非凡技能的人，屬於伎倆這類人才。在朝廷，可以出任司空的職務；治理國家，會推動各種工藝技術的發展。有監理督察才能的人，屬於臧否這類人才。在朝廷，可以擔任師氏的助手；治理國家，會推行嚴明峻刻的政策。威武勇猛的人，屬於豪傑這類人才。在朝廷，可以委以將帥的重任；治理國家，會實行嚴厲果毅的政治。

凡偏才之人，皆一味之美❶，故長於辦一官❷，而短於為一國❸。何者？夫一官之任，以一味協❹五味❺；一國之政，以無味和五味❻。又國有俗化❼，民有劇易❽，而人才不同，故政有得失。是以王化❾之政，宜於統大❿，以之治小，則迂⓫。辦護之政⓬，宜於治煩⓭，以之治易，則無易。策術之政⓮，宜於治難，以之治平，則無奇。矯抗之政⓯，宜於治侈⓰，以之治弊，則殘⓱。諧和之政，宜於治新，以之治舊，則虛⓲。公刻之政⓳，宜於糾姦⓴，以之治邊㉑，則失眾。威猛之政，宜於討亂㉒，以之治善，則暴㉓。伎倆之政，宜於治富，以之治貧，則勞而下困㉔。故量能授官，不可不審㉕也。

【注釋】❶一味之美　偏於某一方面的優點、長處。❷辦一官　辦理好某一種官員應承擔的政務。❸為一國　治理一國。為，治理。❹協　調和；調整。❺五味　酸、苦、辛、鹹、甘五種味道。喻各種人才。❻無味和五味　劉邵認為，人君平淡無味，故能駕馭眾才。和，調和；攙和。❼俗化　習俗教化。❽劇易　難易。劇，繁難；難以對付。❾王化　君王的德化。❿統大　綜理大的方面。⓫迂　迂闊；不合時宜。⓬辦護之政　注重監督管理的治理方法。⓭治煩　治理煩瑣的政務。煩，繁多；煩瑣。⓮策術之政　講究計謀權術的治理方法。策術，謀略。⓯矯抗之政　矯枉過正的治理方法。矯抗，亦作「矯亢」。故意與人違異，以示高尚。⓰治侈　治理奢侈浪費。⓱殘　不完整；傷害。⓲虛　與實相對。謂不切實際。⓳公刻之政　執法公正嚴苛的治理方法。⓴糾姦　糾正邪惡。㉑治邊　治理邊境。㉒討亂　征伐叛亂。㉓暴　凶殘。㉔勞而下困　即「民勞而下困」，百姓辛勞而貧困。困，困頓；窮困。參見本書〈利害第六〉：「其敝也，民勞而下困。」㉕審　審查；弄明白。

【語譯】凡是才能有所偏頗的人，都像是眾多美味之中只具備一味的食品，只擅長擔任某一方面的官職，而缺乏治理一國的能力。為什麼這樣說呢？因為任職一官，就好比是用一種味道調和五味；而治理一國，則是用無味的材料去調和五味。加上一國之中，有不同的風俗習慣和禮儀教化，老百姓也有難於治理與容易治理的分別，而人的才能存在差異，因此，不同人才為官施政各有其得失。所以，君主的德政教化，適宜統攬全局，用來治理小事，就顯得不合時宜。注重於監督管理的施政方法，適宜治理錯亂煩雜的事務，用來處理簡單易行的事情，則把問題複雜化了。講究謀略權術的治理方法，適宜應付危難的局面，用在太平之世，就顯得平淡無奇。矯枉過正的治理方法，適宜整治奢侈浪費，用它來治理各種俗弊，就會傷害到老百姓。諧和安寧的政治，適宜治理新興的國家，用來整治舊的格局，就顯得空虛不實。法治苛刻嚴明的治理方法，適宜糾正奸佞邪惡的勢力，用來治理邊疆，就會失去民眾的擁護。威武勇猛的治理方法，適宜討伐叛亂，用來治理安分守己的老百姓，就顯得殘暴不仁。注重工藝技能的施政方法，適宜治理富庶地區，用來治貧扶困，就會勞而無功，使百姓更加貧困。所以，衡量一個人的能力，委以適當的官職，不能不審慎地對待。

凡此之能，皆偏才之人也。故或能言而不能行，或能行而不能言。至於國體❶之人，能言能行，故為眾才之雋❷也。人君之能，異於此。故臣以自任為能，君以用人為能。臣以能言為能，君以能聽為能。臣以能行為能，君以能賞罰為能。所能不同，故能君❸眾才也。

【注　釋】❶國體　指德、法、術三才兼備的人。參見〈流業第三〉注。❷雋　才智出眾。❸君　用作動詞。統治；駕馭。

【語　譯】凡具備上述才能的，都屬於偏才。他們中間，有的人能說而不能行，有的人能行而不能說。至於「國體」這種人才，既能說又能行，因此，是各類人才中的出類拔萃者。而君主的才能與他們迥然相異：臣下以恪盡職守為有才能，君主以善於用人為有才能。臣下以能言善辯為有才能，君主以善於聽取為有才能。臣下以辦事有方為有才能，君主以賞罰分明為有才能。君主與臣下所具備的才能不同，所以君主能夠駕馭各類人才。

【研　析】本篇專門討論人才的才能問題。劉昞注釋篇名說：「才能大小，其準不同。量力而授，所任乃濟。」

首先，劉邵指出，人的才能不同，各有所宜。他駁斥說：有人認為「人才有能大而不能小，猶函牛之鼎，不可以烹雞」，這種說法是不確切的。實際上，能裝得下牛的大鼎是可以用來煮雞的，能治理大郡的人才也是可以用來治理小郡的，問題的癥結並不在於大才治小事能否勝任，而在於是否合宜。能治大郡的人去治理小郡，能做大事的人去做小事，這樣做的結果必然造成人才資源的浪費。人的性情有寬弘、狹小之分，擔任的官職也會有大小高低之別，但不存在「能大不能小」的問題。只是大器宜大用，小器宜小用，量才授任，各得所宜，才是科學的用人之道。

接著，劉邵進一步探討了才與能的關係。他認為，「能出於才，才不同量」，有什麼樣的才質就會有什麼樣的能力。不同才質的人能力不同，所宜擔任的職務也應有所區別。他具體分析了清節家、法家、術家、智意、譴讓、伎倆、臧否、豪傑等八種不同才質的人才，指出他們的特長及所宜擔任的職務。如法家之才，有創制立法的能力，適宜擔任司寇之職；驍勇之才，有威猛勁健的能力，適宜擔任將帥之職等，說明只要能與任合、才與政宜，就能充分發揮每個臣屬的聰明才智，這有利於國家的有效治理和事業的開拓與發展。

劉邵分析了臣才（主要是偏才）和君才的特點，提出「以一味協五味」和「以無味和五味」的原則。

劉邵認為，臣才中的大多數人都是偏才，偏才之人，就像是眾美中的一味之美，只能勝任某一方面的政務，而不宜統理全局，這一點是與兼才（如國體之人）有所不同的。他們「或能言而不能行，或能行而不能言」，都不夠全面。作為君主，應充分注意到他們的特點，按照「以一味協五味」的原則，在使用上科學安排，合理配置，協調好他們與其他官員的關係，使他們的特長得到充分發揮，使他們的缺失得到有效的抑制。反過來，如果偏才的優勢得不到發揮，缺點得不到抑制，錯誤就會更加突出，後果就會很嚴重。

而君才統理國家，應該「以無味和五味」。因為，惟其無味，才能容得下眾味；惟其平淡，才能調和五味。這就像中藥裡的甘草，有兼容並蓄，調和百草的功效。作為宰物者，也應該有此美德，才能容納各方面的人才，調動各種力量，化解各種矛盾，組織起強大的國家機器。這也說明，臣下與君主在才能上的要求是不一樣的。對於臣下來說，以當任有為、能言善行為能；對於君主來說，則以任賢使能、知人善任、聽言觀行、賞罰分明為能。從這個意義上說，君臣異道，則可安邦治國；君臣無別，則天下必亂。

劉邵「以一味協五味」和「以無味和五味」的思想原則，包含著深刻的辯證法的思想，它是對古代「和實生物，同則不繼」(《國語・鄭語》)思想的繼承和發展。他的這一思想原則已超出了封建國家量才選能的局部範圍而具有普遍性的意義。

此外，劉邵將政治措施與政治風格的利弊得失放在與國情、民情的統一上來進行衡量，指出：「國有俗化，民有劇易，而人才不同，故政有得失。」他還分析了各種不同的政治風格，指出其適應的範圍，如：君王德化的政治風格，適宜從大處著眼，統率全局；如果用來處理具體事務，就會顯得迂腐等等。這些觀點是十分富有見地的。

利害第六

蓋人業之流❶，各有利害。夫節清❷之業，著❸于儀容，發❹於德行，未用而章❺，其道順而有化❻。故其未達❼也，為眾人之所進❽；既達也，為上下之所敬。其功足以激濁揚清❾，師範❿僚友⓫。其為業也，無弊而常顯，故為世之所貴⓬。

【注釋】❶人業之流　人的事業類別。流，品類；流別。❷節清　節超高潔。此指清節家。❸著　顯露。❹發　表現。❺章　通「彰」。彰明；顯現。❻順而有化　順達而具教化作用。化，用教育的方法改變人心風俗。❼達　得志；顯貴。❽進　薦引；推薦。❾激濁揚清　沖掉渾濁的汙水，掀起清澈的水波。比喻斥惡奬善。激，沖掉。揚，掀起。❿師範　師法學習的典範。⓫僚友　同僚；同官的人。⓬貴　看重；尊崇。

【語譯】人們從事不同的事業，各有其利弊。清節家的事業顯現於儀態容貌，表現於道德品行，即使未被起用，也已彰明於外。他們的思想和順通達，具有感化力。因此，尚未顯達得志時，被眾人所推薦；得志發跡後，又受到上下左右人的尊敬。他們的功業足以斥惡奬善，成為同僚的表率和典範。他們的職業沒有任何弊害，並常常得到顯揚，因而被世人所尊崇。

法家之業，本于制度❶，待乎成功而效。其道前苦❷而後治，嚴而為眾❸。故其未達也，為眾人之所忌❹；已試❺也，為上下之所憚❻。其功足以立法成治；其弊也，為群枉❼之所讐❽。其為業也，有敝❾而不常用，故功大而不終❿。

【注　釋】❶制度　指法令、法規等規範。❷苦　辛勞；艱辛。❸為眾　治理民眾。為，治理。劉昞注：「初布威嚴，是以勞苦，終以道化，是以民治。」❹忌　憎恨。劉昞注：「姦黨樂亂，忌法者眾。」❺試　任用。引申為實施。❻憚　畏懼；害怕。❼群枉　謂眾奸邪。枉，曲而不正。❽讐　同「讎」。仇恨；怨恨。❾敝　通「蔽」。遮蔽；蒙蔽。❿不終　沒有好的結果。終，終結。

【語　譯】法家的事業，以制定法令、法規等制度為根本，等到這些制度成功地實施後，便見到效果。其治理方法是，開始階段十分辛勞，而後達到治平的目的。手法雖然嚴厲，卻是為了民眾。所以，當他們尚未得志發跡時，被眾人所猜忌；得到任用後，又為上上下下的人所畏懼。他們的功業足以創制立法，安邦治國，帶來的弊害則是被眾多邪曲之人所仇恨。作為一項事業，常常受遮蔽而不被重視。因此，法家的功勞雖大，卻往往沒有好的結局。

術家之業，出於聰思❶，待於謀得而章❷。其道先微❸而後著❹，精而且玄❺。其未達也，為眾人之所不識；其用也，為明主之所珎❻。其功足以運籌❼通變。其退❽也，藏於隱微❾。其為業也，奇而希❿用，故或沉微⓫而不章。

【注釋】❶聰思　聰明善思。❷謀得而章　謀略告成之後方顯現出來。❸微　不顯露；隱微。❹著　顯露；明顯。❺精而且玄　劉昞注：「計謀微妙，其始至精；終始合符，是以道玄。」精，精深。玄，玄妙。❻珎　即「珍」。珍視；器重。❼運籌　策劃；謀劃。❽退　隱退；辭去官職。❾隱微　隱微細微。指不被人注意之處。❿希　通「稀」。少。⓫沉微　隱蔽；隱伏。

【語譯】術家的事業，由聰明善思中得來，要等到計略權謀成功後才會顯現其功效。他們的治理方法是起先隱而不露，後來才昭彰天下，既精到又玄妙。在他們尚未顯達時，不能被民眾所認識，而一旦獲得起用，就會被賢明的君主所珍視。他們的功業足以運籌帷幄，通權應變。他們功成身退之後，隱居避世，深藏不露。作為一種事業，術家的謀略神奇，但卻很少被君主採用，因此，他們常常被埋沒而不能彰顯於世。

智意之業，本于原度❶，其道順而不忤❷。故其未達也，為眾人之所容❸矣；已達也，為寵愛之所嘉❹。其功足以讚明計慮❺；其敝也，知進而不退，或離正以自全❻。其為業也，諝❼而難持❽，故或先利而後害。

【注釋】❶原度　推原測度。原，本原。度，法度。❷忤　違背；抵觸。❸容　容納。❹嘉　讚美；嘉獎。❺讚明計慮　謂輔佐君王彰明國家的計議謀略。讚明，佐助彰明。❻離正以自全　偏離正道以保全自己。❼諝　計謀；才智。❽持　保持；持久。

【語譯】智意家的事業，以推原測度為基礎。他們的治理方法是順應時勢而不違逆。所以，尚未顯達時，已被眾人容納接受；顯達以後，又為寵愛的人所褒許。他們的功業足以輔佐君王，彰明計謀方略。他們的不足之處是只知進取而不知退避，或者偏離正途以保全自己。作為一種事業，他們有才智計謀，但卻難以依靠這些保持長久。所以，有的人先獲功利，而後卻遭致禍害。

臧否之業，本乎是非❶，其道廉而且砭❷。故其未達也，為眾人之所識；已達也，為眾人之所稱❸。其功足以變察❹是非；其敝也，為詆訶❺之所怨❻。其為業也，峭而不裕❼，故或先得而後離眾。

【注釋】❶是非　對與錯。引申為褒貶、評論。❷廉而且砭　清正廉潔，且能針砭弊端。砭，古代治病用的石針，或指用石針治病。引申為規諫、救治。❸稱　讚許；稱道。❹變察　辨別考察。變，通「辨」。❺詆訶　毀謗；斥責。此指詆毀之徒。詆，詆毀。訶，大聲斥責。❻怨　怨恨；仇恨。❼峭而不裕　嚴厲而不寬容。峭，山勢高峻。引申為嚴厲、嚴峻。裕，寬弘；寬容。

【語　譯】臧否家的事業，本於褒貶品評。他們的治理方法是清正廉明，敢於針砭弊端。所以，他們尚未顯達時，就已被人們所認識；顯達以後，又受到大家的稱許。他們的功業足以辨別考察是非曲直；其弊害則是會遭到毀謗之徒的怨恨。他們做事嚴厲而不寬容，所以，開始時能得到人們的認可，後來卻被眾人疏遠。

伎倆之業，本于事能❶，其道辨❷而且速。其未達也，為眾人之所異❸；已達也，為官司❹之所任。其功足以理煩糾邪；其敝也，民勞而下困❺。其為業也，細而不泰❻，故為治之末也。

【注　釋】❶事能　技藝；技能。❷辨　通「辦」。辦理；治理。劉昞注：「伎計如神，是以速辨。」❸異　視作異才；為人驚異。❹官司　官府。❺下困　謂百姓疲憊困頓。下，指地位低下者。❻細而不泰　細瑣而不弘裕。泰，大。《禮・曲禮上》：「假爾泰龜有常，假爾泰筮有常。」疏：「泰，大中之大也。」

【語　譯】伎倆家的事業，源本於處理實際事務的技能。他們的治理之道是擅長辦事而且行動神速。所以，在他們尚未顯達時，就被人們視作異才；顯達以後，被政府加以委用。他們的功業足以清理繁冗，糾正邪惡。其弊端則在於使民眾辛勞，困頓疲憊。作為一種職業，細瑣而不弘裕。

所以，是治理之道中的末流。

【研 析】本篇論述了各類人才處世從政的利弊得失。劉昞注釋篇名說：「建法陳術，以利國家。及其弊也，害歸於己。」

在劉邵看來，不同才質的人各有長短，為政做官，有其優勢，亦有其弊端。所以說：「人業之流，各有利害。」文章對充當「人臣之任」的清節家、法家、術家、智意、臧否、伎倆等六種人才為官前後各自才性所表現出的長處與不足，作了深入具體的剖析。如果說，〈流業〉篇中對這六家的介紹還停留在簡單的概括上，本篇則進行了較為全面的論述。為什麼在「十二才」中選擇這六家展開討論呢？因為這六家與現實政治的聯繫緊密，因此闢為專章，這可見劉邵論人物不同於魏晉玄學熱中於對抽象人性進行探討，而注重其政治實用性的表現。

「清節之業」是劉邵最為推崇的職業。清節家激濁揚清，為人師表，具有高風亮節，為上下所敬，為世人所貴。劉邵力陳其利，卻沒有指出他們有絲毫弊害，在「六家」中這是一個例外。劉邵的評述有沒有過譽之嫌呢？應該說是有的。這是因為：一方面，各階層、黨派或團體由於私利的原因，推薦人物大都以同黨、親友為主要對象。因此，對於大多數人才來說，「其未達也，為眾人之所進」，自然成了掩人耳目的天方夜譚。另一方面，清節家以德行來感化民眾，雖有一定效果，但也有局限性。特別是在綱紀混亂、時局動蕩的情況下，往往受不到君主的倚重。因此，「其為業也，無弊而常顯」，也就成為可望而不可及的空中樓閣。

對於其餘五家，劉邵一一分析了他們的職業特點、功過利弊，乃至其最終的結局。例如，「法家之業」，其主要事業是建制立法，為此，必須實行嚴酷的政治，鐵面無私，六親不認，惟法是依。立法與執法的過程是艱鉅的，而法制的成效有賴於時間的檢驗，因此，「其道前苦而後治」。他們在掌權之前，因才華出眾而遭人妬嫉；在掌權之後，又因實行嚴刑峻法而為眾人所畏懼。他們的功業是建立法制而使國家強盛，但常常因為得罪了權貴而被敵對勢力陷害，因此，雖然功勛卓著，卻不得善終，成為權利鬥爭中的犧牲品。商鞅車裂，吳起肢解，就是最典型的例子。

術家則不然，他們足智多謀，聰明過人，思慮周密，隨機應變。他們與法家明顯的不同點是懂得什麼時候該進，什麼時候該退。被君主重用時，顯山露水；不被重用時，則「藏於隱微」，不使鋒芒外露。如春秋時的范蠡，輔佐越王句踐滅吳。功成身退，泛舟而去，以經商致富，得以善終。他們精通謀略，但很少被君主所了解並得到起用，因此很容易被埋沒。

智意、臧否、伎倆三家分別是清節家、法家、術家的亞流，文中均有中肯的分析。「六家」之中，伎倆因其辦事瑣細而忽略大局，被列為治理人才中的末流。

劉邵《人物志》注重從政治實用方面來考評人才，這與三國時期的歷史背景是息息相關的。

接識第七

夫人初甚難知，而士無眾寡，皆自以為知人。故以己觀人，則以為可知也。觀人之察人，則以為不識也。夫何哉？是故能識同體❶之善，而或失異量❷之美。何以論其然？夫清節之人，以正直為度❸，故其歷❹眾才也，能識性行❺之常❻，而或疑法術之詭❼。法制之人，以分數❽為度，故能識較❾方直之量❿，而不貴變化之術。術謀之人，以思謨⓫為度，故能成策畧之奇，而不識遵法之良。器能⓬之人，以辨護⓭為度，故能識方畧⓮之規⓯，而不知制度之原⓰。智意之人，以原意為度⓱，故能識韜諝⓲之權⓳，而不貴法教⓴之常。伎倆之人，以邀功㉑為度，故能識進趣㉒之功，而不通道德之化㉓。臧否之人，以伺察㉔為度，故能識訶砭㉕之明，而不暢㉖倜儻㉗之異。言語之人，以辨析為度，故能識捷給㉘之惠㉙，而不知含章㉚之美。

【注　釋】❶同體　指同一種類型的人。體，風格；樣式。❷異量　指不同類型的人。❸度　標準。❹歷選擇；排列。❺性行　稟性與行為。❻常　恆定；固定。❼詭　詭譎；欺詐。❽分數　法度；規範。❾識較　識別比較。❿方直之量　方正端直的人才。量，氣度。⓫思謨　思考謀劃。謨，計謀；謀劃。⓬器能　才能。⓭辨護　修治管理。⓮方略　計謀策略。⓯規　規劃；謀劃。⓰原　根本；本源。⓱以原意為度　以推測揣摩本意為標準。原，推究；推原。⓲韜譎　隱藏才智謀略。韜，掩藏；斂藏。譎，才智；計謀。⓳權　權變；變通。⓴法教　法制教化。㉑邀功　求取功名。邀，求取。㉒進趣　同「進趨」。追求；求取。㉓化　教化。㉔伺察　偵視；探察。㉕訶砭　斥責與針砭。㉖暢　暢達。引申為通曉。㉗倜儻　卓異不凡；灑脫不拘。㉘捷給　言詞敏捷，應對不窮。㉙惠　善；長處。㉚含章　包含美質。

【語　譯】人本來是很難了解的，而多少讀書人都自以為能夠慧眼識人。他們以自己的標準去觀察人，認為這樣就可以了解對方；而看到別人在觀察人時，則認為別人不善識人。這是什麼原因呢？因為，一個人容易看到與自己同樣類型人的長處，卻難以識別與自己不同類型人的優點。為什麼這樣說呢？清正廉潔而有節操的人以正直為標準，所以，他們選擇人才時，能識鑑性格品行始終如一的人才，而疑忌術家的詭詐。奉行法制的人，以法規制度為標準，所以，能識別和比較方正端直的人才，而不注重變幻莫測的權術。講究權謀方略的人，以思慮謀劃為標準，所以，肯定計謀奇譎的人才，而認識不到遵法守紀的重要性。才能之士，以監治管理為標準，所以，能識別方計謀略的奇妙，而不了解制度法規的本源。崇尚智慧識見的人，以推原測意為標準，所以，能識別韜略計謀的權變，而不重視法制教化恆久不易的準則。工於技藝的人，以求取功名為標準，所以，能認識銳意進趨的功效，而不懂得道德教化的作用。長於褒貶品鑑的人，以窺測察查為標準，所以，能識別批評規諫之才的明通，而不明瞭灑脫不拘者的特異。能言善辯的人，以分辨剖析事理為標準，所以，能識別言詞敏捷者的長處，而不知曉含秀於內者的美妙。

是以互相非駮❶，莫肯相是。取同體也，則接論❷而相得；取異體也，雖歷久❸而不知。凡此之類，皆謂一流之才❹也。若二至已上❺，亦隨其所兼，以及異數❻。故一流之人，能識一流之善；二流之人❼，能識二流之美。盡有諸流，則亦能兼達眾才。故兼才之人，與國體同。

【注釋】❶非駮　同「非駁」。非難辯駁。駮，論辯是非，提出異議。❷接論　接談。❸歷久　經久；長久。❹一流之才　指具備一種類型或素質的人才。❺二至已上　謂具備二種以上類型或素質的人才。❻異數　不同等次；不同程度。❼二流之人　指具備兩種類型或素質的人才。

【語譯】因此，人們互相駁斥非難，沒有人肯承認對方是正確的。碰到與自己類型相同的人，就接近交談，十分融洽。碰到與自己類型不同的人，雖然接觸的時間很長，仍然不能了解。凡是這類人，都稱之為具備一種素質的人才。至於具備兩種以上素質的人才，那就會隨著他所具備的素質而達到認識上的不同等次。所以，具備一種素質的人，能識別一種素質的人才；具備二種素質的人，能識別二種素質的人才。各類素質兼備的人，能通曉各類人才。所以說，具備各類型素質的人，與「國體」之才相同。

欲觀其一隅❶，則終朝❷足以識之。將究其詳，則三日而後足。何謂三日而後足？夫國體之人兼有三才，故談不三日不足以盡之。一以論道德，二以論法制，三以論策術，然後乃能竭❸其所長，而舉❹之不疑。

【注釋】❶一隅　某一方面。隅，角落。❷終朝　一個早晨。❸竭　窮盡。❹舉　舉薦；推薦。

【語譯】要想觀察兼才的某一方面，只要有一個早晨的時間就足夠了。而要深入探究他的詳細情況，則需要三天才能辦到。為什麼要三天時間呢？因為國體這種人兼有三方面的才能，所以，同他談論，不足三天是不能完全弄清他的為人的。這三天，一用來討論道德品質，一用來討論法令制度，一用來討論權謀策術，然後才能徹底了解他的過人之處，從而毫無疑慮地推選舉薦他。

然則何以知其兼偏❶而與之言乎？其為人也，務以流數❷杼❸人之所長而為之名目❹，如是兼也。如陳❺以美欲人稱❻之，不欲知人之所有，如是者偏也。不欲知人，則言無不疑。是故以深說淺，益❼深益異。異則相返❽，反則相非❾。是故多陳處直❿，則以為見美⓫。靜聽不言，則以為虛空。抗⓬為高談，則為不遜⓭。遜讓不盡，則以為淺陋。言稱一善，則以為不博。歷發⓮眾奇，則以為多端⓯。先意⓰而言，則以為分美⓱。因失難之⓲，則以為不喻⓳。說以對反⓴，則以為較己㉑。博以異雜，則以為無要㉒。論以同體，然後乃悅。於是乎有親愛之情，稱舉之譽，此偏才之常失。

【注釋】❶兼偏　兼容之才與偏至之才。❷流數　流別各家各派。流，品類；流派。數，數目。指各家各派。❸杼　通「抒」。表達；介紹。❹名目　評價；稱道。❺陳　陳述；張揚。❻稱　頌揚。❼益　更加。❽相返　同「相反」。❾非　非難；責難。❿多陳處直　猶直率多言。陳，陳述。直，直率。⓫見美　愛表現；愛出風頭。見，通「現」。⓬抗　通「亢」。激昂；剛強。⓭不遜　不謙恭。遜，謙虛。⓮歷發　逐一闡發。⓯多端　多頭緒；多事。⓰先意　揣摩人意。⓱分美　分享他人之美。⓲因失難之　因為疏失而提難詰問。⓳不喻　不明白；不明事理。⓴對反　謂以相反的事情來說明問題。㉑較己　與自己較量。較，較量；比試。㉒無要　不得要領。

【語　譯】那麼，怎樣才能知道他是兼容之才還是偏至之才而與他交談呢？這就要看他如何對待別人了。如果他談論各家各派，介紹他們的長處，並加以中肯的評價，這樣的人就是兼才。如果他張揚自己的優點，希望得到別人的讚許，而不想全面了解人家，這樣的人就是偏才。偏才不願意真正認識別人，而對別人的話無一不表示懷疑。因此，和見識淺薄的人談論深奧的道理，說得愈深刻，分歧就愈大。分歧愈大，彼此就愈加對立。觀點對立，就會相互指責非難。因此，對於直率多言的，他認為人家在標榜自己。對於靜聽不語的，他認為人家肚中空空無物。對於激昂陳辭的，他認為人家桀驁不馴；對於謙恭禮讓的，他認為人家卑下淺陋。對於談話中僅僅顯現某一方面專長的，他認為人家學識不夠淵博。對於逐一闡發各種新鮮觀點的，他認為人家頭緒雜亂繁多。而他的想法一旦被他人道出，就認為人家掠奪、分享了他的成果。對於發現他的錯失並提出質疑的，就認為人家不明事理。對於說了相反意見的，就認為是故意與他作對。對於廣博論述各種見解的，就認為是不得要領。只有與同樣類型的人談論時，他才會感到欣喜愉悅。於是，表現出親切愛慕的感情，發出讚揚薦舉的稱譽：這便是偏才常有的缺失！

【研　析】本篇探討了人們在接觸交往中認識上的偏差與失誤，並就如何判斷偏才與兼才作出了理論上的剖析。劉昞注釋篇名說：「推己接物，俱識同體。兼能之士，乃達群才。」

為人處世，最重要的是識人，最困難的也是識人。人們都以為自己能夠慧眼識人，其實不然。這除了人往往貌厚情詭，難以揣度之外，主觀片面是觀人察物的最大障礙，而這一點在偏才的身上反映得尤為突出，劉邵將其歸納為「能識同體之善，而或失異量之美」。

所謂「能識同體之善」，就是指偏才與自己才能觀點相同的人在一起時，就感到十分融洽，對方在他們眼裡，處處都是優點。「而或失異量之美」，則是指偏才與自己才質不同的人在一起時，就格格不入，橫豎都看不順眼。比如，「清節之人」，以正直為法度。他們選擇人才時，能識別那些為人正直、行為有恆的人，而不能理解謀略的詭詐多變，因而排斥法、術之家。於是，清節家賞識清節之才，法家賞識法制之才，術家賞識策略之才。器能、智意、伎倆、臧否等各種流業亦然。「一流之人，能識一流之善；二流之人，能識二流之美」，便是偏才的通病。究其原因，都是從自我的角度出發去觀察和了解別人，因而造成認識上的偏差與失誤。

劉邵認為，兼才不同於偏才，他們具備多方面的素質和才能，因此，「盡有諸流，則亦能兼達眾才」，他們與「國體之人」相同。

如何識別偏才與兼才呢？劉邵指出，那些能夠包容各家各派所長的，就是兼才；而那些刻意表現自己的長處，希望得到別人稱道而自己卻不想了解別人的，就是偏才。偏才在觀人察物時有種種偏失。例如，見到別人多方陳說如何如何正直，就認為已經認識了對方的美德；見到別人緘默靜聽時，就認為對方思想空泛、肚中無物等等。這些都是主觀臆斷的產物。

劉邵的「接識」論給人的啟示良多。首先，它告訴我們：以己度人，以自己的好惡為衡量人才的依據，是違反科學規律的。其次，它啟發我們：尺有所短，寸有所長，每個人都有自己的長處，亦有自己的不足。因此，對人不能責備求全，要容人之過，錄人所長，補人所短，量才使用，則天下無不可用之人。

劉邵的「接識」論在一定程度上帶有東漢末期清議的陰影，如他主張觀察人才時要通過詳細的面談，在談論中發現其優劣、長短、才識、德行、技藝、愛憎、忠佞等。對於「國體之才」，要連續不斷地談，「談不三日不足以盡之」。這就從孔子「聽其言而觀其行」的言行統一論上倒退了回來，不能不說是一種遺憾。

英雄第八

夫草之精秀❶者為英，獸之特群❷者為雄。故人之文武❸茂異❹，取名於此。是故聰明秀出❺謂之英，膽力❻過人謂之雄，此其大體之別名❼也。若校❽其分數❾，則牙則須❿，各以二分，取彼一分，然後乃成⓫。

【注釋】❶精秀　精美優異。❷特群　超群。特，出眾；卓異。❸文武　文德與武功。劉昞注：「文以英為名，武以雄為號。」❹茂異　才德出眾。茂，茂才。異，異等。❺秀出　美好特出。出，突出。❻膽力　膽量和魄力。❼別名　異名。❽校　考核；考訂。❾分數　數量；程度。此指其素質的涵量。❿則牙則須　義不明，文字或有誤。《四庫全書》本「則須」作「相須」。相須，亦作「相需」。互相依存；互相配合。王充《論衡・無形》：「人稟氣於天，氣成而形立，形命相須，以致終死。」劉昞注：「英得雄分，然後成章。雄得英分，然後成剛。」⓫然後乃成　劉昞注：「膽者雄之分，智者英之分。英有聰明，須膽而後成；雄有膽力，須知而後立。」

【語譯】草木中精美秀異的稱作「英」，走獸中超群出眾的稱作「雄」，因此，文德與武功出類拔萃的稱之為「英雄」，這一稱呼正取名於此。所以，聰明機智才華突出的稱為英才，膽略過人魄力超常的稱為雄才，這是對這兩類人物大體上的稱謂。倘若要仔細考察英與雄這兩種素質的內涵，這兩者則是互相依賴，相輔相成的。它們各自作為二等分，再取對方二等分中的一分，結合起來，然後才能有所成就。

何以論其然？夫聰明者，英之分也，不得雄之膽，則說不行❶。膽力者，雄之分也，不得英之智，則事不立。是故英以其聰謀始❷，以其明見機❸，待❹雄之膽行之。雄以其力服眾，以其勇排難，待英之智成之。然後乃能各濟❺其所長也。若聰能謀始，而明不見機，乃可以坐論❻，而不可以處事。聰能謀始，明能見機，而勇不能行，可以循常❼，而不可以慮變❽。若力能過人，而勇不能行，可以為力人❾，未可以為先登❿。力能過人，勇能行之，而智不能斷事⓫，可以為先登，未足以為將帥。必聰能謀始，明能見機，膽能決之，然後可以為英，張良⓬是也。氣力過人，勇能行之，智足斷事，乃可以為雄，韓信⓭是也。體分⓮不同，以多為目⓯，故英、雄異名。然皆偏至之才，人臣⓰之任也。故英可以為相，雄可以為將。若一人之身兼有英、雄，則能長世⑰，高祖⑱、項羽⑲是也。

【注　釋】❶說不行　謂主張不能實現。說，學說；主張。❷謀始　謀劃創始。❸見機　預見事物發展變化的機理。❹待　依靠；依恃。❺濟　增益；有利。❻坐論　坐而議論。指不切實際的空談。❼循常　按照常規辦事。循，按照；遵循。❽慮變　考慮事物的轉化。慮，思考；謀劃。❾力人　力士；有力氣的人。❿先登　先於別人而登臨目的地的人。此指先鋒。⓫斷事　決斷事情。⓬張良　漢初大臣。見〈流業第三〉注。⓭韓信　漢初大臣。見〈流業第三〉注。⓮體分　秉賦；素質。⓯目　名稱。⓰人臣　臣下。⓱長世　歷世久遠。⓲高祖　即漢高祖劉邦。西漢開國君主。字季，沛縣（今屬江蘇）人。秦末起兵，號沛公。與項羽爭戰，卒敗之，建立漢朝。⓳項羽　即項籍，字羽，下相（今江蘇宿遷西）人。秦末從叔父項梁在吳起兵。秦亡後，自立為西楚霸王，分封諸侯王。後與劉邦爭衡，為邦所敗，自刎而死。

【語　譯】為什麼這樣說呢？因為聰明才智是英才的素質，如果缺乏雄才的膽略，他的主張就不能得到實行。膽略和力量是雄才的素質，如果缺乏英才的智慧，他的事業也不會成功。所以說，英才以他的聰明才智謀劃創始，以他的卓識明辨預知事物的發展變化，依恃雄才的膽略推行實施。雄才以他的膽力懾伏眾人，以他的勇氣排除困難，依恃英才的智慧獲得成功。這樣，才能增益各自的長處。如果一個人的智慧足以在事前進行謀劃，卻不能識別恰當的時機，那他只能做不切實際的空談，而不能處理實際事務。如果一個人的智慧足以在事前進行謀劃，也能識別時機，但勇氣不夠，難以付諸行動，那他只能按常規辦事，而不能思考應付複雜的事變。如果一個人的力氣超過常人，但缺乏行動的勇氣，那他只能成為力士，而不能擔任先鋒。如果一個人的力氣超過常人，勇氣也足以付諸行動，但缺乏遇事敢於決斷的才智，那他可以當先鋒，卻不可以任將帥。因此，必須是那種聰明睿智能在事前進行謀劃，卓識明辨能夠識別事物的機理，富有膽識能臨時作出決斷的人，才能稱得上英才，張良就是這樣的人。氣力超過常人，勇敢足以行事，智慧足以判斷事由的人，才能稱得上雄才，韓信就是這樣的人。「英」和「雄」的素質不同，以其在一個人身上所佔成分多的來命名，或稱之為「英」，或稱之為「雄」。所以，英才和雄才的稱號是不一樣的。然而，他們都是偏於某一方面專長的人才，能夠擔當大臣的職務，英才可以任宰相，雄才可以當大將。如果一個人身上兼備了「英」和「雄」兩種素質，就能主宰天下，歷世久遠，漢高祖劉邦和西楚霸王項羽就是這樣的英雄。

然英之分以多於雄，而英不可以少也。英分少，則智者去❶之。故項羽氣力蓋世❷，明能合變❸，而不能聽采奇異❹，有一范增❺不用，是以陳平❻之徒皆亡歸❼。高祖英分多，故群雄服之，英才歸之，兩得其用。故能吞秦破楚❽，宅有天下❾。然則英、雄多少，能自勝之數❿也。徒⓫英而不雄，則雄才不服也。徒雄而不英，則智者不歸往也。故雄能得雄，不能得英。英能得英，不能得雄。故一人之身兼有英、雄，乃能役⑫英與雄。能役英與雄，故能成大業也。

【注釋】❶去 離開。❷蓋世 謂才能、功績壓倒當世。❸合變 應變；順應變化。❹聽采奇異 聽取採納不同意見。奇異，奇特新異。此指不同意見。❺范增 秦末居鄛（今安徽桐城南）人，項羽謀士，尊為亞父。屢次勸項羽殺掉劉邦，羽不聽。後項羽中劉邦反間計，范遭猜忌，憤而離去。返鄉途中，背疽發作而亡。❻陳平 陳平初投魏王咎，後從項羽入關。因不得重用，投奔劉邦，任護軍中尉，屢出奇策。參〈流業第三〉注。❼亡歸 逃歸。亡，逃跑；逃亡。歸，歸順。❽吞秦破楚 謂推翻秦朝統治，消滅西楚。秦，中國第一個封建王朝，建立於西元前二二一年。西元前二〇六年，劉邦率起義軍攻入咸陽，秦滅。楚，項梁、項羽起義後，立戰國時楚懷王之孫熊心為王，建立楚國。後項羽自立為西楚霸王，建都彭城。西元前二〇二年，項羽為劉邦所敗，自刎烏江之濱，楚亡。❾宅有天下 猶統治天下。宅，居所；居住。引申為佔據、統治。❿自勝之數 決定勝負的先天因素。劉昞注：「勝在於身，則能勝物。」數，指自然之理。⓫徒 僅；只。⓬役 役使；駕馭。

【語譯】不過，在「英」與「雄」兩種素質中，「英」的成分宜多於「雄」的成分，「英」的素質是不可缺少的。「英」的素質缺少了，有才智的人就會離去。所以，項羽雖然氣力舉世無雙，也有順應事變的機敏，但不能聽取採納不同的意見，有一個謀士范增也不能信用，因此陳平之類的人物都離他而去，歸順漢高祖劉邦。劉邦身上「英」的成分多，所以，群雄順服他，英才也歸附他。這兩類才俊各得其用。因此，劉邦能夠吞沒強秦，擊破西楚，佔有天下。然而，在一個人身上，「英」與「雄」兩種成分的多與少，是決定他成敗的先天因素。僅僅有「英」的秉賦而缺乏「雄」

的素質，那麼，雄才不會順服。僅僅有「雄」的秉賦而缺乏「英」的素質，那麼，有才智的人也不會投奔歸附。所以，雄才能得到雄才而得不到英才的擁戴，英才能得到英才而不能使雄才相歸附。因此，一個人身上只有兼備「英」與「雄」兩種素質，才能夠駕馭英才與雄才。能同時駕馭英才與雄才的人，才能成就大的功業。

【研析】「英雄」二字，在現代漢語中是一個固定的辭彙，在古代則可以一析為二。本篇，劉邵實際上討論了三個概念，即「英」、「雄」與「英雄」。劉昞注釋篇名說：「自非平淡，能各有名。英為文昌，雄為武稱。」

何者為「英」？何者為「雄」？文章開宗明義：「夫草之精秀者為英，獸之特群者為雄。故人之文武茂異，取名於此。是故聰明秀出謂之英，膽力過人謂之雄。」英才與雄才，一偏重於智謀計略，一偏重於勇氣膽力。一文一武，文依英取名，武依雄稱號，他們是兩種不同類型人才中的出類拔萃者。

「英」與「雄」才質不同，但互相聯繫，相輔相成。「英以其聰謀始，以其明見機，待雄之膽行之。雄以其力服眾，以其勇排難，待英之智成之。然後乃能各濟其所長也。」這裡，劉邵將「英」與「雄」分成六種要素，即屬於英才系統的聰、明、智，和屬於雄才系統的力、勇、膽。這兩個系統，都不能獨立構成英雄才質，它們必須各以自己系統的要素為基礎，兼取對方的一種要素，方可成就人才。這就是文中所說的「若校其分數，則牙則須，各以二分，取彼一分，然後乃成」。也就是說，一個人聰明叡智，具有「英」的素質，同時必須加上「雄」的膽略，其謀劃才能實現；

一個人膽力過人，具有「雄」的內涵，同時必須加上「英」的智慧，才能成就事業。在一個人身上，「英」與「雄」兩種素質是不可截然分開的。英才與雄才的區別，只是看哪一種素質在他身上佔據了主導地位而已。

然而，不論是英才還是雄才，都還只是偏至之才，只能充當人臣之任。劉邵舉例說：張良「聰能謀始，明能見機，膽能決之」，是英才的典範；韓信「氣力過人，勇能行之，智足斷事」，是雄才的典範。英才可以為相，雄才可以為將，各有所宜，不可混淆。

同時具備「英」與「雄」兩種素質的人稱之為「英雄」，這就是領袖人物，漢高祖劉邦和西楚霸王項羽就是這樣的英雄。

那麼，為什麼領袖人物必須具備「英」與「雄」的素質，兩者缺一不可呢？因為徒有「英」的智慧而不具備「雄」的膽力，雄才不會悅服。反之，徒有「雄」的膽力而缺乏「英」的智慧，英才亦難以認同。只有同時具備「英」與「雄」的才質，才能駕馭英才和雄才，成就宏偉的事業。

但是，同為英雄人物，為什麼劉邦最終戰勝了項羽呢？劉邵指出，這是由於劉邦英分比項羽多的緣故。項羽雖然勇力舉世無雙，但心躁氣傲，剛愎自用，不能廣泛聽取意見，因此，陳平等英才紛紛離去，轉而投奔劉邦。而劉邦心性冷靜，處事圓通，知人善任，因此，不僅韓信等雄才臣服，張良、蕭何、陳平等英才也樂意為他效命。所以，能吞秦滅楚，宅有天下。

劉邦曾論述過自己成功的原因說：「夫運籌策帷帳之中，決勝於千里之外，吾不如子房。鎮國家，撫百姓，給餽饟，不絕糧道，吾不如蕭何。連百萬之軍，戰必勝，攻必取，吾不如韓信。此三者，皆人傑也。吾能用之，此吾所以取天下也。項羽有一范增而不能用，此其所以為我擒也。」

可見，作為君主，「英」與「雄」的素質缺一不可，而其中，「英」的成分尤為重要。

下面從歷史的角度略談「英雄」的稱謂。

早在西周時期，姜太公子牙就曾對周武王說：「王者舉兵，簡練英雄。」意思是國君舉兵出征，必須掌握英雄人物。因為，英雄是決定戰爭勝負的關鍵所在。春秋戰國時期，諸侯爭霸，強者為王，「英雄」二字很少提及。秦末豪傑並起，英雄人物再次被人重視，並開創了「創大業則尚英雄」的社會風氣。到了東漢末年，朝綱廢弛，吏治腐敗，豪強割據，社會動盪，爆發了大規模的黃巾起義。在鎮壓起義的過程中，各路諸侯欲平天下者，多以「英雄」自許。然而，他們中的大多數人都名不副實。《三國演義．青梅煮酒論英雄》一章中，曹操對劉備說：「夫英雄者，胸懷大志，腹隱良謀，有包藏宇宙之機，吐沖天地之志，方可為英雄也。」他認為：「方今天下英雄，唯使君與操耳！」東漢著名文學家王粲為了褒貶真假英雄，專門寫了《漢末英雄記》。從劉表寫起，共寫了四十六個人物。其中諸葛亮、周瑜等人，雖著墨不多，但寫得栩栩如生，將他們的英雄本色充分表現了出來。然而在曹魏政權建立之初的一段時間內，經學衰退，玄風日熾，政治上由於黨錮之患，文人學士一改過去那種議論「朝廷社會之事實」，「或尚論往昔之政事人物，以為今日之龜鑑」的風氣，脫離實際，清談玄學。劉卲正是在這一歷史的轉型期內，在王粲「英雄」論的基礎之上，深入探討「英雄」的本質與特徵，寫出了這一邏輯嚴密、說理透徹、富含哲理的〈英雄〉篇，成為我們今天研究「英雄」理論的不可多得的寶貴資料。

八觀第九

八觀❶者：一曰觀其奪救❷，以明間雜❸。二曰觀其感變❹，以審❺常度❻。三曰觀其志質❼，以知其名。四曰觀其所由❽，以辨依似❾。五曰觀其愛敬，以知通塞❿。六曰觀其情機⓫，以辨恕惑⓬。七曰觀其所短，以知所長。八曰觀其聰明⓭，以知所達⓮。

【注釋】❶觀　觀察；考察。❷奪救　奪取與救恤。奪，強力取得。救，救濟；救恤。❸間雜　混合夾雜。見本書〈九徵第一〉：「一至一違，謂之間雜。間雜，無恆之人也。」至，即做得到。違，即做不到。間雜，指在「九徵」之中某一方面突出，某一方面又相違背的缺乏一定之規的人。❹感變　感應變化。❺審　考察；弄明白。❻常度　平時的態度。❼志質　志向、氣質。或說「志質」為「至質」之誤。至質，最好的品質。至，達到極點。❽由　經由。《論語・為政》：「視其所以，觀其所由，察其所安，人焉廋哉！人焉廋哉！」❾依似　似是而非的表現。❿通塞　通暢與阻塞。⓫情機　情緒變化的跡象。機，事物的關鍵、樞紐。引申為變化之所由。⓬恕惑　寬容與困惑。儒家對「恕」的理解是推己及人，仁愛待物。《論語・衛靈公》：「子貢問曰：『有一言而可以終身行之者乎？』子曰：『其恕乎。己所不欲，勿施於人。』」惑，疑惑；困惑；昧於人情事理。⓭聰明　謂智慧才能。⓮達　通達；通曉事理。

【語譯】所謂「八觀」，就是：第一，觀察一個人本性中善惡相奪與救恤的情況，以辨明他摻雜交錯的性情。第二，觀察一個人情緒的感應變化，以弄清他平時的行為表現。第三，觀察一個人的志向氣質，以知曉他是否名實相符。第四，觀察一個人的行為動機，以辨別他的所作所為是否似是而非。第五，觀察一個人愛什麼，崇敬什麼，以了解他為人處世是順通暢達的還是阻滯閉塞的。第六，觀察一個人情緒變化的種種跡象，以辨明他對人是寬容大度還是昧於情理。第七，觀察一個人的缺點短處，以發現他的優點所在。第八，觀察一個人的智慧才能，以測知他通達明理的程度。

何謂觀其奪救，以明間雜？夫質有至、有違❶，若至勝違❷，則惡情奪正❸，若然而不然。故仁出於慈，有慈而不仁者。仁必有恤❹，有仁而不恤者。厲❺必有剛，有厲而不剛者。若夫見可憐則流涕❻，將分與❼則悋嗇，是慈而不仁者。覩危急則惻隱❽，將赴救則畏患❾，是仁而不恤者。處虛義則色厲❿，顧利慾則內荏⓫，是厲而不剛者。然則慈而不仁者，則悋奪之也。仁而不恤者，則懼奪之也。厲而不剛者，則慾奪之也。故曰：慈不能勝悋，無必其能仁也。仁不能勝懼，無必其能恤也。

厲不能勝慾，無必其能剛也。是故不仁之質勝，則伎力⑫為害器⑬。貪悖⑭之性勝，則彊猛為禍梯⑮。亦有善情救惡⑯，不至為害⑰；愛惠分篤⑱，雖傲狎⑲不離⑳；助善著明㉑，雖疾惡㉒，無害也。救濟過厚，雖取人㉓，不貪也。是故觀其奪救，而明間雜之情，可得知也。

【注　釋】①有至有違　有至善的，有違謬的。劉昞注：「剛質無欲，所以為至。貪情或勝，所以為違。」②若至勝違　「至」字後似脫一「不」字。勝，壓倒。③惡情奪正　謂邪惡的情性使人喪失公正之心。奪，使喪失。④恤　體恤；憐憫。⑤厲　嚴厲；嚴肅。⑥流涕　流眼淚。涕，眼淚。⑦分與　分給。與，給予。⑧惻隱　同情；憐憫。⑨畏患　畏懼禍患。患，憂患；災禍。⑩色厲　謂外表強硬。色，臉色。厲，凶狠；強硬。⑪內荏　內心怯懦。荏，軟弱。⑫伎力　技能與勇力。⑬害器　製造禍患的器具。害，禍害；禍患。⑭貪悖　貪婪悖謬。悖，昏亂；惑亂。⑮禍梯　引來禍患的梯子。比喻招致禍患的根由。《史記・趙世家》：「毋為怨府，毋為禍梯。」⑯善情救惡　謂以美善的情性挽救邪惡。⑰不至為害　劉昞注：「惡物宜翦而除，純善之人憐而救之，此稠厚之人，非大害也。」⑱愛惠分篤　愛護惠施，情分深厚。惠，恩惠；惠施。分，情分；情意。篤，真誠；深厚。⑲傲狎　傲慢侮狎。狎，輕侮；輕慢。⑳離　離棄。㉑著明　顯揚賢明。著，顯揚。㉒疾惡　憎恨邪惡。㉓取人　取人之物；索取於人。

【語　譯】什麼叫做觀察一個人本性中善惡相奪與救恤的情況，以辨明他摻雜交錯的性情呢？通常人們認為，人的品質有至善的一面，也有違謬邪惡的一面。如果善的品質不能戰勝邪惡，那麼，邪惡的性情就會使人偏離正道。有時，表面上看上去正確的東西，其實並非如此。就像寬仁出於慈愛，但也有慈愛而不寬仁的。心地寬仁的人必定會體恤救濟別人，但也有空懷仁愛之心而不救恤他人的。嚴厲的人必定剛強，但也有神情嚴肅而不剛強的。如果看到別人可憐就同情流淚，而到了施捨財物時卻又很吝嗇，這就是徒有慈悲之心而不能仁愛待人。看到別人處境危急就產生同情心，而將前往救援時卻畏懼不前，生怕惹禍上身，這就是空懷仁愛之心而不能體恤助人。空談大道理時神情嚴肅，受到利欲誘惑時卻內心懦弱，這就是嚴厲而不剛強。然而，慈愛而不能寬仁待人，是吝嗇奪去了人的慈愛之心。寬仁而不能體恤他人，是畏懼使人喪失了寬仁情愫。嚴厲而不剛強，是利欲湮沒了人的剛直氣質。所以說，如果慈愛不能戰勝吝嗇，就未必能做到寬仁待人。如果寬仁不能戰勝畏懼，就未必能做到救恤濟人。如果嚴厲而不能戰勝私欲，就未必能做到剛正不阿。因此，不講寬仁的性情佔了上風，才能和氣力就會成為製造禍患的工具。貪婪和悖謬的性情佔了上風，強壯和勇猛就會成為帶來災禍的階梯。有時，也有出於善良的本性去挽救邪惡的，這種善行還不至於造成危害。也有出於愛護的目的，施以恩惠、情分深篤的，即使受到對方傲慢狎侮也不離棄。也有扶助良善、顯揚賢明的，雖然嫉惡過甚，也不會有大的害處。也有救濟過於慷慨豐厚的，即使取了他人財物，也算不上貪婪。因此，通過觀察一個人本性中善惡相奪與救恤的情況，辨明他摻雜交錯的性情，就可以得到對他的認識。

何謂觀其感變，以審常度？夫人厚貌深情❶，將欲求之，必觀其辭旨❷，察其應贊❸。夫觀其辭旨，猶聽音之善醜。察其應贊，猶視智之能否也。故觀辭察應，足以互相別識。然則論顯揚正❹，白❺也。不善言應，玄❻也。經緯❼玄白，通❽也。移易無正❾，雜也。先識未然❿，聖⓫也。追思玄事，叡⓬也。見事過人，明也。以明為晦⓭，智也。微忽⓮必識，妙也。美妙不昧⓯，疏⓰也。測之益深，實也。假合⓱炫燿，虛也。自見⓲其美，不足⓳也。不伐⓴其能，有餘也。故曰：凡事不度㉑，必有其故。憂患之色，乏而且荒㉒。疾疢㉓之色，亂而垢雜㉔。喜色愉然以懌㉕；慍色㉖厲然㉗以揚；妒惑㉘之色，冒昧無常㉙。及其動作，蓋並言辭。是故其言甚懌，而精色㉚不從者，中㉛有違也。其言有違，而精色可信者，辭不敏㉜也。言未發而怒色先見者，意憤溢㉝也。言將發而怒氣送之者，彊㉞所不然也。凡此之類，徵㉟見於外，不可奄違㊱。雖欲違之，精色不從。感愕㊲以明，雖變可知。是故觀其感變，而常度之情可知。

【注　釋】❶厚貌深情　外表忠厚老實，而內心深沉難測。厚，忠厚。深，深沉。❷辭旨　言談的意旨。旨，意思；意圖。❸應贊　應對酬答。❹論顯揚正　論點顯明，傳揚正道。❺白　清楚；明白。❻玄　深奧難懂。❼經緯　原指織物的縱線和橫線，比喻條理清楚，秩序井然。❽通　通曉。❾移易無正　變化不定，沒有一定目標。移、易，皆改變之意。正，箭靶的中心。引申為目標。❿未然　尚未成為事實。⓫聖　聖明；事無不通，光大而化，超越凡人者。⓬叡　通達；看得深遠。⓭以明為晦　內心明白，表面上不顯露。晦，昏暗。引申為隱秘不露。⓮微忽　隱約細微。極言其小。⓯不昧　不晦暗。引申為不掩飾。昧，暗昧。⓰疏　疏朗。劉昞注：「心致昭然，是曰踈朗。」踈，同「疏」。⓱假合　以虛假不實的東西相湊合。⓲見　通「現」。顯露；誇耀。⓳不足　此指膚淺、貧乏。⓴伐　誇耀。㉑不度　不合法度；不合常理。㉒乏而且荒　謂神情疲乏而迷亂。荒，荒忽；神思不定貌。劉昞注：「憂患在心，故形色荒。」㉓疾疢　病害。疢，疾病。㉔垢雜　謂臉色汙垢黃黑。㉕懌　喜悅；高興。㉖慍色　怨怒的神色。㉗厲然　神色淩厲貌。㉘妬惑　忌妬疑惑。㉙冒昧無常　輕率魯莽，喜怒無常。㉚精色　猶神色。㉛中　內心。㉜不敏　不敏捷；不明達。㉝溢　原指水漫出來，引申為流露。㉞彊　竭力；硬要。㉟徵　跡象；徵兆。㊱奄違　遮掩。奄，覆蓋。引申為掩藏。㊲感愕　謂表現出驚訝的神色。愕，驚訝。

【語　譯】什麼叫做觀察一個人情緒的感應變化，以弄清他平時的行為表現呢？人往往外表忠厚老實而內心深沉難測。要想了解一個人的真實品性，必須觀察他的言談旨意和應對酬答。觀察言談旨意，好比是聆聽鑑別音樂的美醜。觀察應對酬答，也就是審視一個人才智的高下。因此，通過觀察人的言辭應對，足以相互印證以識別人才。因而，論點明確，傳揚正道的，是明白曉暢之人。不善言辭，窮於應對的，是深奧難測之人。條理清晰，明辨是非的，是通達事理之人。變化無常，沒有中心的，是思維雜亂之人。具有預見，能力超凡的，是聖明之人。善於追蹤思考深微事理的，是睿智之人。認識事物超越常人的，是聰明之人。內心明晰，外表上不顯露的，是機智之人。識別細微之理的，是精妙之人。心志美妙而不加掩飾的，是疏朗之人。愈測試愈覺深邃的，是充實之人。虛假摻合賣弄炫耀的，是空虛之人。自我顯揚，自吹自擂的，是膚淺之人。不誇耀自己能力的，是才智有餘之人。所以說，凡事不合常理，必然有其緣故。一個人如果內心憂患，就會顯得困乏疲憊，神情恍惚。如果患有疾病，看上去會覺得雜亂汙垢，面色黯淡。如果心中高興，就會流露出歡欣愉悅的神態。如果充滿怨怒之氣，就會態度淩厲，出語張狂。如果忌妬疑惑，就會變得輕率魯莽，喜怒無常。倘若我們將人的行為舉止與言談酬答結合起來考察，就不難發現，如果一個人的言辭十分愉悅，但缺少相應的神情氣色，其中必有違心之處。而儘管一個人的言辭不能達意，但神情坦然，充滿誠信，那只是他說話還不夠敏捷而已。話還未說出口，已經怒形於色的人，說明他胸中充滿著激憤之情。將要開口，怒氣已相伴而至的人，說明他執意要做本不該做的事情。凡此種種跡象，表現在人的外部，不可掩飾。即使想遮遮掩掩，但神情氣色也不能與之呼應。只要我們能從人的感情氣色之中把握其心理，那麼，不管如何變化，都能推知其真情。所以說，觀察一個人情緒的感應變化，就可以了解他為人處世的一貫態度。

何謂觀其至質❶，以知其名？凡偏才之性，二至以上❷，則至質相發❸，而令名❹生矣。是故骨直❺氣清，則休名❻生焉。氣清力勁，則烈名❼生焉。勁智精理，則能名❽生焉。智直彊慤❾，則任名❿生焉。集于端質⓫，則令德⓬濟⓭焉。加之學，則文理⓮灼⓯焉。是故觀其所至之多少，而異名之所生可知也。

【注釋】❶至質　指人的性情中最具特點的資質。至，極；最。❷二至以上　指二種以上得到充分發揮的特殊資質。❸相發　相感發；相促進。❹令名　美名。令，善。❺骨直　骨幹挺直。引申為堅毅果敢。❻休名　美好的名聲。休，美善。❼烈名　威名。烈，強勁。❽能名　能幹的名聲。❾彊慤　堅強而誠實。慤，誠實。❿任名　足以使人信任的名聲。⓫端質　端正的品質。⓬令德　美好的品德。⓭濟　成功；成就。⓮文理　原指彩色交錯的花紋，引申為學識才華。⓯灼　明亮；光彩奪目。

【語譯】什麼叫做觀察一個人性情中最具特點的素質，以了解他的名聲呢？凡是偏才，如果其品性中包含了兩種或兩種以上獨特的資質，它們之間就會互相感發，互相促進，從而產生美名。因此，骨幹挺直，氣質清朗的人，就會獲得美好的名聲。氣質清峻，體魄勁健的人，就會獲得威武的名聲。智力發達，精通事理的人，就會獲得能幹的名聲。聰明正直，誠實守信的人，就會獲得可信的名聲。所有這些，集中在正直的品質上，就能成就美好的品德。再加上勤奮的學習，就會才華橫溢，光彩照人。所以說，觀察一個人具備了哪幾種素質，就可以知道他各種名聲的由來。

何謂觀其所由，以辨依似？夫純訐性違❶，不能公正。依訐似直❷，以訐訐善。純宕似流❸，不能通道❹。依宕似通，行傲過節❺。故曰：直者亦訐，訐者亦訐，其訐則同，其所以為訐則異。通者亦宕，宕者亦宕，其宕則同，其所以為宕則異。然則何以別之？直而能溫❻者，德也。直而好訐者，偏❼也。訐而不直者，依❽也。道而能節❾者，通❿也。通而時過⓫者，偏也。宕而不節者，依也。偏之與依，志同質違⓬，所謂似是而非也。是故輕諾⓭似烈而寡信⓮，多易⓯似能而無效，進銳⓰似精⓱而去速，訶者似察而事煩，訐施⓲似惠⓳而無成，面從⓴似忠而退違㉑，此似是而非者也。亦有似非而是者：大權㉒似姦而有功，大智似愚而內明，博愛㉓似虛而實厚，正言㉔似訐而情忠㉕。夫察似明非，御情之反㉖，有似理訟㉗，其實難別也。非天下之至精㉘，其孰能得其實？故聽言信貌，或失其真。詭情御反㉙，或失其賢。賢否之察，實在所依。是故觀其所依，而似類㉚之質可知也。

【注釋】❶純訐性違　一味揭人隱私的人情性悖謬。純，純粹；一味。訐，攻擊他人過失，揭發他人隱私。違，悖謬；邪惡。❷直　端直；公正。❸純宕似流　一味放縱好像很自由。宕，放蕩；放縱。流，不受拘束。❹通道　通達正理大道。❺行傲過節　行為傲慢，不加節制，超出法度。❻溫　謂性格平和溫順。❼偏　偏激；片面。❽依　即依似，似是而非。❾道而能節　守恃正道而有所節制。❿通　通達。⓫時過　時常超過節度。⓬志同質違　表現相同但性質相違。志，標誌；外在表現。⓭輕諾　輕易地答應別人。⓮寡信　缺少信用。⓯多易　多改變。⓰進銳　急於求進。⓱精　精明強幹。⓲訐施　詭偽施與。⓳惠　恩惠。⓴面從　當面順從。㉑退違　背後違背。退，歸；回。㉒大權　大的政治權術。權，權術。㉓博愛　廣泛地愛一切人。㉔正言　端直的言論。㉕情忠　感情篤實。㉖御情之反　掌握人情變化反覆。御，駕馭；掌握。㉗理訟　審理訴訟。㉘至精　最精明的人。㉙詭情御反　用違背常情的態度去對待反常的現象。詭情，矯情；違反常情。㉚似類　類似；相似。

【語譯】什麼叫做觀察一個人的行為動機，以辨別他的所作所為是否似是而非呢？一味揭人之短、發人陰私的人情性違悖，不能公正地處事待人。他們的行為似乎很正直，實際上是以揭發為名，攻擊善良的人。一味放縱的人，看上去無拘無束，但不能通達正理大道。放蕩不羈的人，貌似通達，實際上行為傲慢，超越了禮節法度。所以說，正直的人也指責別人的錯失，好發人陰私的人也指責別人的錯失，從表面上看，他們揭發的行為一樣，而實際上他們所要揭發的原因是不同的。通達的人也放縱，放蕩的人也放縱，他們無拘無束的行為相同，而之所以放縱的原因卻是相異的。然而，怎樣才能區別兩者的不同呢？正直而溫和，是有德行的人。正直而好攻訐，是偏激的人。好發人陰私、為人不正派，是表裡不一的人。守恃正道而善於節制，是通達事理的人。

通達但不時犯有過錯，是偏失的人。放縱而不加節制，是依似的人。偏失和依似，外在表現一樣，內在本質卻不同，這就是所謂的似是而非。因此，輕易地許諾別人，看似慷慨重義，其實是不守信用的表現。經常改變做法，看似很能幹，實際上不會有好的效果。急於求進，看似精明強幹，但很快就會偃旗息鼓，退縮而去。妄加議論，動輒呵斥別人的人，看似善於觀察，實際上往往把事情搞得煩瑣雜亂。詭偽施予的人，看似寬和仁愛，其實他的許諾是不會兌現的。當面俯首順從，看似忠心耿耿，但一轉身就會做出相違背的事。上面所講的就是似是而非、表裡不一的人。但也有似非而是的現象：如大的政治權術，看似姦詐，其實有功於天下。大的智慧謀略，看似愚鈍，其實其內心是十分明白的。廣泛地愛一切人，看似空泛，其實淳厚而深沉。正直的言論，看似揭人之短，其實包含著篤實的情感。觀察考查人才，辨明是非曲直，用違反常情的態度去看待反常的現象，就像是審理訴訟，是很難識別其真實情況的。不是天底下最精明細緻的人，誰能弄清楚實情呢？所以，單純聽人介紹，相信其舉止行貌，有時會失去對一個人的正確把握。而用違背常情的態度去對待反常的現象，有時又會失去真正的賢才。觀察一個人是否賢能，關鍵在於弄清楚其行為所依據的基礎。因此，觀察一個人內心依託的真情實感，類似現象的實質也就可以認識清楚了。

何謂觀其愛敬，以知通塞？蓋人道❶之極，莫過愛敬。是故《孝經》❷以愛為至德❸，以敬為要道❹。《易》❺以感為德❻，以謙❼為道。《老子》❽

以無⑨為德，以虛⑩為道。《禮》⑪以敬為本。《樂》⑫以愛為主。然則人情之質，有愛敬之誠，則與道德同體，動獲人心⑬，而道無不通也。然愛不可少於敬。少於敬，則廉節者歸⑭之，而眾人不與⑮。愛多於敬，則雖廉節者不悅，而愛接者⑯死之⑰。何則？敬之為道也，嚴而相離⑱，其勢難久。愛之為道也，情親意厚，深而感物⑲。是故觀其愛敬之誠，而通塞之理可得而知也。

【注釋】❶人道　為人之道；人類社會的道德規範。❷孝經　儒家經典之一。一說曾參作，一說孔子作，一說曾子弟子作，皆無確據。內容論述宗法思想，宣揚人倫孝道。❸至德　最高的德行。❹要道　重要的道理。《孝經・開宗明義》：「先王有至德要道，以順天下，民用和睦，上下無怨。」❺易　即《易經》。相傳周人所作，又稱《周易》。是古代卜卦之書，分經和傳兩部分，包含古代哲學思想。為「五經」之一。❻以感為德　以感應化育萬物。感，感應。德，古代特指天地化育萬物的功能。《易・乾》：「夫大人者，與天地合其德，與日月合其明。」姚配中注：「化育萬物謂之德。」❼謙　謙遜；屈己下人。❽老子　道家經典著作，又稱《道德經》。相傳春秋末年老聃所作。提出以「道」為核心的思想體系，具有樸素的辯證法思想。❾無　即「無為」，是道家的主要思想。謂清靜虛無，順應自然。❿虛　即「虛無」，道家謂道的本體。認為道無所不在，又無形可見，故稱。⓫禮　即「三禮」，儒家三部經典著作《周禮》、《儀禮》、《禮記》的合稱。古代論述禮儀之書。⓬樂即《樂記》，儒家經典著作。一說為孔子再傳弟子公孫尼子所作，論述音樂的本源及其教化作用。《樂記》原有二十三篇，今《禮記》中存十一篇。⓭動獲人心　影響並征服人心。動，感動；影響。獲，獲取；征服。⓮歸附；歸屬。⓯與　跟從；親附。⓰愛接者　指接受其恩惠的人。⓱死之　為之死；為他獻身。⓲嚴而相離　嚴格等級，規範禮儀，而使人相互疏遠。離，離去；疏遠。⓳感物　感化他物。

【語　譯】什麼叫做觀察一個人的愛敬態度，以了解他為人處世是順通暢達的還是阻滯閉塞的呢？為人之道的最高境界，莫過於仁愛與恭敬有禮。因此，《孝經》以仁愛為最高道德，以恭敬有禮為正理大道。《易經》以萬物的感化交融為法則，以謙遜禮讓為做人的標準。《老子》以無為而治為法則，以清靜虛無為正途要道。《禮經》以恭敬守禮為根本。《樂經》以仁慈博愛為主旨。可見，如果一個人的本質中有仁愛與恭敬的成分，就能與社會道德規範相一致，影響並獲得人心，那他的為人處世之道，就會順通暢達。但在人的情性之中，仁愛的成分不能少於恭敬的成分。少於恭敬的成分，雖有廉明高潔之士歸附，普通人則不會跟從。仁愛的成分多於恭敬的成分，雖然廉明高潔之士不樂意，但受其恩惠的人卻願意為他效命。這是為什麼呢？因為恭敬守禮作為道德規範，等級森嚴，容易使人產生隔閡，相互疏遠。因此，這種情形難以維持長久。而仁愛作為道德規範，使人感情親密醇厚，能深深打動人心，感化萬物。所以說，觀察一個人的愛敬態度，就能夠識別他為人處世是順通暢達的還是阻滯閉塞的。

何謂觀其情機，以辨恕惑？夫人之情有六機：杼❶其所欲，則喜。

不杼其所能，則怨。以自伐[2]歷[3]之，則惡。以謙損[4]下之，則悅。犯其所乏[5]，則婟[6]。以惡犯婟，則妬。此人性之六機也。夫人情莫不欲遂其志[7]。故烈士[8]樂奮力之功，善士[9]樂督政[10]之訓，能士[11]樂治亂之事，術士[12]樂計策之謀，辨士[13]樂陵訊之辭[14]，貪者樂貨財之積，幸者[15]樂權勢之尤[16]。苟贊其志[17]，則莫不欣然。是所謂杼其所欲，則喜也。若不杼其所能，則不獲[18]其志。不獲其志，則戚[19]。是故功力不建，則烈士奮[20]。德行不訓[21]，則正人[22]哀，政亂不治，則能者歎。敵能未弭[23]，則術人思。貨財不積，則貪者憂。權勢不尤，則幸者悲。是所謂不杼其能，則怨也。人情莫不欲處前[24]，故惡人之自伐。自伐，皆欲勝[25]之類也。是故自伐其善，則莫不惡也。是所謂自伐歷[26]之，則惡也。人情皆欲求勝，故悅人之謙。謙所以下之[27]，下有推與[28]之意。是故人無賢愚，接之以謙，則無不色懌[29]。是所謂以謙下之，則悅也。人情皆欲掩其所短，見[30]其所長。是故人駁[31]其所短，似若物冒[32]之。是所謂駁其所乏，則婟也。人情陵上㉝者也。陵犯其所惡，雖見憎㉞，未害也。若以長駁短，是所謂以惡犯姻，則妬惡生矣。凡此六機，其歸㉟皆欲處上。是以君子接物㊱，犯而不校㊲。不校，則無不敬下，所以避其害也。小人則不然，既不見機㊳，而欲人之順己，以佯愛敬為見異㊴，以偶邀會㊵為輕，苟犯其機㊶，則深以為怨。是故觀其情機，而賢鄙㊷之志可得而知也。

【注釋】❶杼　通「抒」。抒發；表達。❷自伐　自誇。伐，誇耀。❸歷　超過；逾越。❹謙損　謙讓；謙退。損，貶抑。❺乏　缺失；缺陷。❻姻　嫉恨。❼遂其志　成就其心願。遂，成就；實現。志，志向；心願。❽烈士　有氣節有志向的人。❾善士　品行高尚的人。❿督政　監察政務。⓫能士　有才能的人。⓬術士　擅長權術謀略的人；策士。⓭辨士　能言善辯的人。⓮陵訊之辭　咄咄逼人的質辭。陵，嚴峻。訊，責讓；詰問。⓯幸者　受寵幸的人。⓰尤　突出；優異。⓱苟贊其志　如果贊助了他們的心願。苟，如果。贊，輔助。⓲不獲　不得；不能實現。⓳戚　憂傷；悲哀。⓴奮　激憤。㉑訓　訓誡；教誨。㉒正人　品行端直的人。㉓弭　消除。㉔處前　居人之上；處人之前。㉕勝　超過別人。㉖歷　超過；越過。《孟子・離婁下》：「禮，朝廷不歷位而相與言，不踰階而相揖也。」㉗下之　居人之下；謙讓。㉘推與　推讓；讓與。㉙色懌　表情愉悅。懌，喜悅。㉚見　通「現」。顯露。㉛駁　辨正是非。㉜冒　覆蓋；籠罩。引申為壓抑、壓制。㉝陵上　凌駕於他人之上。陵，凌駕。㉞見憎　被憎惡。見，被。㉟歸　結局；歸屬。㊱接物　原指接觸外物，引申為與人交往。㊲犯而不校　冒犯了自己，也不計較。校，計較。㊳不見機　謂不能正確地把握情勢。㊴見異　特殊看待；優遇。㊵偶邀會　偶爾邀請聚會。偶，偶爾；不常。㊶機　機柄；利害。㊷賢鄙　美善與陋俗。鄙，庸俗；淺陋。《左傳・莊公十年》：「食肉者鄙，未能遠謀。」

【語譯】什麼叫做觀察一個人情緒變化的跡象，以辨明他對人是寬宏大度的還是昧於情理的呢？人的情緒有六種徵兆：願望得到抒發和滿足時就欣喜。才能得不到發揮時就抱怨。有人在他面前自我吹噓標榜就厭惡。人家謙遜退讓就愉悅。觸到了他的弱點就氣惱。以惡劣的手法刺痛了他的短處，就會引起妬恨。這就是人性的六種表現。人之常情，沒有不想實現自己志願的。所以，壯懷激烈的人，樂於奮進，以實現其功業。品行高尚的人，樂於監察督理政務。有才能的人，樂於治理動亂的局勢。精通權術的人，樂於計策謀略。能言善辯的人，樂於咄咄逼人的質辭。貪得無厭的人，熱中於聚斂錢財。寵幸有加的人，汲汲於權勢的顯赫。如果贊助他們實現了自己的願望，沒有不歡欣愉悅的。這就是所謂滿足他們的願望就欣喜，不能發揮他們的才能、其志向得不到施展就哀怨。因此，功業不能建立，壯懷激烈的志士就會憤慨。德行失去規範，品行端直的君子就會悲哀。政治混亂得不到治理，有才能的人就會嘆息。敵對勢力沒有消除平定，通曉權謀的人就會思慮。貨物錢財得不到聚積，貪婪的人就會憂愁。權力地位不夠顯赫，被寵幸的人就會悲楚。這就是所謂不能發揮其才能，就會引起怨恨。人之常情，沒有不想居人之前的，所以，討厭別人自誇。自誇就是想超過別人。因此，炫耀自己的長處，是沒有不被人憎惡的。這就是自吹自擂壓過了別人，就會招人厭惡的原因。人之常情，都想勝過別人，所以，見人謙遜有禮，就心情愉快。謙遜就是甘居人下，甘居人下有推讓的意思。因此，不論是賢明還是愚昧的人，見到別人謙讓，都會喜形於色。這就是謙遜下己，就會討人喜歡的原因。人之常情，都想掩飾自己的短處，顯揚自己的長處。所以，別人指出自己的缺點，就會有被重物壓抑的感覺。這就是所謂指責別人的缺失，就會惹來嫉恨的原因。人之常情，都想超過地位比自己高的人。雖然陵犯了對方而被人憎恨，但還不至於招來禍害。如果以自己的長處去攻擊對方的短處，這就是所謂「以惡犯婟」，這樣，就會使對方產生嫉妒厭惡之心。凡此六種情況，歸根到底就是想要居人之上。所以，品行高尚的人，與人交往，受到別人冒犯而不加計較。不加計較，就會敬待處於其下的人，因此能避免受到傷害。見識淺薄的人就不一樣，他們既看不清人情機樞，又想要別人順從自己，將別人假裝出來的親善恭敬看作是自己不同凡俗，因別人不常相邀便認為是輕視自己。如果觸到了他的痛處，就會深懷怨恨之心。因此，觀察一個人情緒變化的種種跡象，就可以得知其賢明還是鄙俗的心志。

何謂觀其所短，以知所長？夫偏才之人，皆有所短。故直之失也，訐❶。剛❷之失也，厲❸。和❹之失也，愞❺。介❻之失也，拘❼。夫直者不訐，無以成其直。既悅其直，不可非❽其訐。訐也者，直之徵❾也。剛者不厲，無以濟❿其剛。既悅其剛，不可非其厲。厲也者，剛之徵也。和者不愞，無以保其和。既悅其和，不可非其愞。愞也者，和之徵也。

介者不拘，無以守⓫其介。既悅其介，不可非其拘。拘也者，介之徵也。然有短者，未必能長也。有長者，必以短為徵。是故觀其徵之所短，而其才之所長可知也。

【注釋】❶訐　揭人隱私；攻擊別人短處。❷剛　剛強；堅強。❸厲　嚴厲。❹和　溫和；柔順。❺愞　軟弱；怯懦。❻介　耿介；孤傲。❼拘　拘束。引申為固執。❽非　非難；責怪。❾徵　表徵；跡象。❿濟　成就；實現。⓫守　保持；守護。

【語　譯】什麼叫做觀察一個人的短處，以了解他的優異所在呢？大凡偏才之人，都有其缺點。直爽的人，缺點在於好揭人隱私。剛強的人，缺點在於嚴厲無情。溫和的人，缺點在於為人軟弱。耿介的人，缺點在於固執己見。正直的人，如果不揭發和抨擊他人缺失，就不能叫正直之人。既然欣賞他的直言不諱，就不可以非難他好責人之過。好責人之過，正是正直品性的表徵。剛強的人，不嚴厲無情，就無法成為剛強之人。既然欣賞他的剛正不阿，就不可以責難他嚴厲無情。嚴厲無情，正是剛強品性的表徵。溫和的人，不軟弱忍讓，就無法保持柔和的性格。既然欣賞他的溫和柔順，就不可以責難他的軟弱忍讓。軟弱忍讓，正是溫和品性的表徵。耿介的人，不固執己見，就無法保持耿介的稟性。既然欣賞他的耿介正直，就不可以責難他固執己見。固執己見，正是耿介品性的表徵。然而，有缺點的人，未必具備突出的優點。有突出優點的人，則必定有缺點與其相隨。所以，觀察一個人品性中所表現出來的缺點，他才能中的優異之處也就可以由此得知了。

何謂觀其聰明，以知所達？夫仁者，德之基也。義者，德之節❶也。禮者，德之文❷也。信❸者，德之固❹也。智者，德之帥也。夫智出於明❺。明之於人，猶晝之待白日❻，夜之待燭火。其明益盛者，所見及遠。及遠之明難。是故守業勤學，未必及才❼。才藝精巧，未必及理❽。理義辨給❾，未必及智❿。智能經事⓫，未必及道⓬。道思玄遠⓭，然後乃周⓮。是謂學不及才，才不及理，理不及智，智不及道。道也者，回復變通。是故別而論之，各自獨行，則仁⓯為勝。合而俱用，則明為將⓰。故以明將仁，則無不懷⓱。以明將義，則無不勝。以明將理，則無不通。然則苟無聰明，無以能遂⓲。故好聲⓳而實不克⓴則恢㉑，好辯而理不至則煩㉒，好法而思不深則刻㉓，好術而計不足則偽㉔。是故鈞才㉕而好學，明者為師。比力㉖而爭，智者為雄㉗。等德而齊㉘，達者稱聖㉙。聖之為稱，明智之極明也。是以觀其聰明，而所達之才可知也。

【注釋】❶節　規則；法度。❷文　表現形式。❸信　誠實；誠信。❹固　堅固。喻為基石、支柱。❺明明白；通達。❻白日　指太陽。❼及才　成才。❽及理　掌握道理。❾辨給　才思敏捷，能言善辯。辨，通「辯」。❿及智　具有智慧。⓫經事　治理事務。⓬及道　掌握事物的規律。⓭玄遠　玄妙幽遠。⓮周　周全；無所不及。⓯仁　儒家道德觀念，其核心指人與人相親，愛人。⓰將　統率；將領。⓱不懷　不臣服。⓲遂　如願。⓳好聲　愛好名聲。⓴不克　不能做到。克，能。㉑恢　虛浮不實，恢誕迂闊。㉒煩　煩瑣；繁亂。㉓刻　苛刻；刻薄。㉔偽　詭詐；詐偽。㉕鈞才　謂相同的資質。鈞，通「均」。㉖比力　力量相同。㉗雄　傑出；雄傑。㉘等德而齊　謂德行相等。㉙聖　儒家稱道德品行最為高尚者。

【語譯】什麼叫做觀察一個人的聰明才智，以了解他是否通達明理呢？仁，是道德的基礎。義，是道德的節制。禮，是道德的形式。信，是道德的支柱。智，是道德的統帥。智慧出於通達。通達對於一個人來說，就像是白晝的太陽、夜晚的燭火。越明達通理的人，見識就越深遠。而要達到見識深遠，卻是很困難的。所以，守持已成的事業，勤奮學習，未必能夠成才；才能技藝精湛靈巧，未必掌握了事物的根本道理；說理敏捷，能言善辯，未必富有智慧；智力足以治理事務，未必洞悉了事物的客觀規律。只有對事物的客觀規律進行深入細緻的思考，才能有全面的認識。這就是所謂學習知識比不上掌握技藝才能、掌握技藝才能比不上精通理論、精通理論比不上富有智慧、富有智慧比不上把握事物的客觀規律的道理。事物的客觀規律循環往復，運動變化，神秘莫測，很難說得清楚，因此，我們還是來討論一下「道」之外的一些問題吧。在人的各種學識、才德獨自發揮作用時，以仁愛這一品質最為優異。而在人的各種學識、品性綜合發揮作用時，明達卓識就會成為決定的因素。所以，用明達來支配仁愛，就會眾望所歸；用明達來支配正義，就會戰無不勝；用明達來支配事理，就會無所不曉。但是，如果不具備聰明才智，也是不能如願以償的。因此，追求名聲而名不副實，就顯得虛浮迂闊；喜好辯論而說不出道理，就顯得煩瑣雜亂；喜好法制而缺乏深入的思考，就顯得冷峻苛刻；喜好權術而計謀不足，就顯得詭詐虛偽。因此，才能相等又愛好學習，明理的人成為老師；力量相等且相互競爭，智商高的人成為雄傑；德行相等而加以比較，通達的人成為聖人。聖人之所以稱為聖人，在於他是俊傑中最聰明、最有智慧的人。所以，通過觀察一個人的聰明才智，就能夠知道他是否具備了通達明理的素質。

【研析】如何鑑別一個人的品行與才能呢？劉邵提出「八觀」法。觀者，觀其言談形貌，察其本質特徵。劉昞注釋篇名說：「群才異品，志各異歸。觀其通否，所格者八。」

所謂「八觀」，就是：

一曰觀其奪救，以明間雜：人的性格是十分複雜的。通常，人們認為寬仁出於慈愛，但有的人慈愛卻並不寬仁；寬仁的人一般樂於救濟別人，但有的人寬仁卻不願救濟他人。這是由於人的私欲或性格上的弱點在起作用。劉昞解釋這種情況：「或慈欲濟恤而吝奪其人，或救濟廣厚而乞醯為惠。」因此，通過觀察一個人奪取什麼，救恤什麼，可以了解其性情的間雜性。劉邵將這一條列為「八觀」之首，表明人才的思想品質是他關注的第一個目標。

二曰觀其感變，以審常度：人往往外貌淳厚而內心深沉，很難認識清楚。若要深入了解其內心的想法，必須通過其言談應對進行仔細的觀察，研究其內心的狀態與附和贊同的目的所在，進而把握其固有的性格，這就是「觀辭察應」的認識方法。劉昞注釋說：「視發言之旨趣，觀應和之當否。」表明主要是通過言談，以問答應贊的方式來觀察人的才能和情性。因為，「徵見於外，不可奄違」，人的內在情緒一定會通過其外部表情流露出來，雖有掩飾，仍然是可以觀察到的。劉昞在注釋中進一步指出：「情雖在內，感愕發外。千形萬貌，粗可知矣。」

三曰觀其志質，以知其名：從文中內容看，「志質」當為「至質」之誤。至質，至性本質。劉邵在前面已談到人有「九質」，當二種以上才質相互激發時，就會產生種種美名，如「休名」、「烈名」、「能名」、「任名」等。劉昞注釋說：「尋其質氣，覽其清濁，雖有多少之異，異狀之名，斷可知之。」因此，觀察一個人至質的多寡，可以推斷他可能達到的成就與獲得的名聲。

四曰觀其所由，以辨依似：人的外部表現與內在本質往往是不一致的。有的人「似烈而寡信」，有的人「似能而無效」，有的人「似姦而有功」，有的人「似愚而內明」，因此，不能迷惑於表面現象，而必須通過觀察一個人行為的來龍去脈，辨明那些似是而非或似非而是的才性特徵。這裡提到的「依似」與上文所說的「間雜」，其共同點是不從人的本性出發，而是隨著時尚播弄顛倒。有人認為劉邵實有所指，東漢以來，品評人物重在名教，士子只知效倣孝子孝行，缺乏真情實感，劉邵藉此予以抨擊。

五曰觀其愛敬，以知通塞：「人道之極，莫過愛敬」，愛與敬，是人際交往中最重要的道德準則。劉邵認為，通過觀察一個人的所愛所敬，可以判斷其上下親疏關係，以及人際交往中的通暢阻塞之情。

六曰觀其情機，以辨恕惑：人情有「六機」，觸發情機，就會有喜怒哀樂的情感反應。因此，通過觀察一個人的情感變化，可以知曉他是「推己及人」之人，或是昧於事理之人。所謂「六機」，即人的情感欲望的六種表現：願望得到實現就喜悅；才能得不到發揮就怨憤不平；自誇炫耀就遭人厭惡；謙遜禮讓就討人喜歡等等。人們對待「六機」的態度不同，君子受到冒犯時能泰然處之，因此能避免受到傷害；小人受到冒犯就會深懷怨恨。所以，「觀其情機，而賢鄙之志可得而知也」。

七曰觀其所短，以知其長：短和長是一體的兩個方面，觀長處固然可以知短，觀短處亦可知長，而偏才之人，皆有所短。通過觀察一個人的短處，去發現他身上與之相應的長處，不失為觀人察物的一條有效途徑。

八曰觀其聰明，以知所達：即通過觀察一個人的聰明才智，以知曉他在事業上所能達到的成就。需要指出的是，劉邵關於智力的見解，頗有與眾不同之處。他說：「智者，德之帥也。」聰明對於人的重要性，猶如天亮時等待陽光，夜晚中期盼燭火一樣，愈是明亮，所能見到的愈遠。劉昞注釋說：「非智不成德」，「明達乃成智」。又說：「火日愈明，所照愈遠；智達彌明，理通彌深。」這樣，就將智力水平的高低，與認識外物的深淺程度之間的關係，有機地聯繫了起來。這也正是劉邵的高明之處。

劉邵的「八觀」法是對歷史上觀人察物思想的繼承和發展。

早在春秋時期，孔子就指出：「眾惡之，必察焉；眾好之，必察焉。」（《論語·衛靈公》）又說：「視其所以，觀其所由，察其所安，人焉廋哉！人焉廋哉！」（《論語·為政》）就是說，眾人都厭惡的人，不一定就是壞人；眾人都喜歡的人，也不一定就是好人。要想了解一個人，必須深入觀察，了解他的所作所為，了解他所走的道路，了解他安於什麼，觀察他的動機和心態，他的真實面目就無法隱藏了。孔子指出了由表及裡觀察人物的正確方向，但並未就如何實施提出切實有效的方法。

與孔子同時代的晏嬰也指出：「觀之以其游，說之以其行，君無以靡曼辯辭定其行，無以毀譽非議定其身，如此，則不為行以揚聲，不掩欲以榮君。故通則視其所舉，窮則視其所不為，富則視其所不取……以此數物者取人，其可乎。」（《晏子春秋．內篇問上》）晏子認為，要了解人賢與不肖，必須觀其交遊，審其德行。既不能以漂亮的言辭定其行，也不能以外界的毀譽定其身。對仕途通達的人，要注意他舉薦的人是否合宜，是否有結黨營私的嫌疑；對仕途不順暢的人，要注意他不屑於做些什麼，是否因人生的艱難而改變了自己的操守；對富有的人，要注意他對待財富的態度，看他謀取什麼，不取什麼，救恤什麼。晏子注意觀察一個人在不同狀況下的表現，應該說比孔子的理論深入了一步。

在先秦兩漢的文獻中，還有許多書籍提到觀察人物的方法，如《太公六韜》中的「八證」法、《逸周書．官人解》中的「六徵」法，以及《呂氏春秋．先己》中的「八觀」法等。其中，《呂氏春秋》中的論述，與晏子的理論十分接近。書中說：「凡論人，通則觀其所禮，貴則觀其所進，富則觀其所養，聽則觀其所行，止則觀其所好，習則觀其所言，窮則觀其所不受，賤則觀其所不為。」但上述這些觀察方法都很籠統，缺乏具體的闡述，也很少涉及人物才性的本質。

劉邵在前人的基礎上，獨闢蹊徑，提出了新的「八觀」法。他著重從人的心理活動和外部表現的透視中去推斷和把握人的才性特點，揭示人的外部表現與內在實質的矛盾性和複雜性。雖然

「八觀」法還不盡完善，觀察的角度也有交叉重複之處，但其基本方法是比較科學的，不少地方還透露出辯證思維的叡智，因此，歷來受到人們的重視。在劉邵之後，歷代思想家繼續在「觀人」方面探討研究，如唐代有魏徵的「六觀」說，清代有林則徐的「五觀」說等，但他們的研究都沒有超出劉邵已達到的水平，由此而論，劉邵「八觀」說的歷史地位自然是不言而喻的。

卷下

七繆第十

七繆❶：一曰，察譽❷有偏頗❸之繆；二曰，接物❹有愛惡之惑❺；三曰，度心❻有小大之誤；四曰，品質❼有早晚❽之疑；五曰，變類❾有同體❿之嫌⓫；六曰，論才有申壓⓬之詭⓭；七曰，觀奇⓮有二尤⓯之失。

【注釋】❶七繆　七種謬誤。繆，通「謬」。錯誤；過失。❷察譽　考察名譽。❸偏頗　偏於一面；不公正。❹接物　與人交往。❺惑　疑惑；困惑。劉昞注：「或情同忘其惡，或意異違其善也。」❻度心　忖度心志。度，推測；衡量。❼品質　品評才質。品，品鑑。❽早晚　謂早智與晚成。❾變類　辨別人才類型。變，通「辨」。分辨。❿同體　同一類型。劉昞注：「才同勢均則相競，才同勢傾則相敬。」⓫嫌　疑惑；疑忌。⓬申壓　提拔與壓制。申，通「伸」。舒展；拔擢。壓，壓抑；貶抑。⓭詭　違反；違背。⓮觀奇　觀察奇異之才。⓯二

尤 指下文所說的「尤妙之人」和「尤虛之人」。尤，突出；特別。

【語譯】考察品鑑人才時可能出現七種謬誤：一是考察人才名聲時，會偏於一方，有失公允；二是與他人交往時，會受自己愛憎之情的困惑而忘其善惡；三是惴度對方情感、心志時，會有大小不分的錯誤；四是品評人才素質時，會因看不清少年早智與大器晚成的區別而心存疑惑；五是區分人才類別時，會因對方與自己同屬一種類型而影響到自己的判斷力；六是評論他人才能時，會出現拔高與壓抑這種違背常情的現象；七是觀察奇異之才時，會忽略對「尤妙」與「尤虛」兩種人的鑑別而產生失誤。

夫采訪❶之要，不在多少。然徵質❷不明者，信耳而不敢信目。故人以為是，則心隨而明之；人以為非，則意轉而化❸之。雖無所嫌❹，意若不疑。且人察物，亦自有誤。愛憎兼之，其情萬原❺。不暢❻其本，胡❼可必信？是故知人者，以目正耳❽；不知人者，以耳敗❾目。故州閭❿之士，皆譽⓫皆毀⓬，未可為正也；交遊之人，譽不三周⓭，未必信是也。夫實厚之士，交遊之間，必每所在肩稱⓮。上等援⓯之，下等推⓰之，苟不能周⓱，必有咎毀⓲。故偏上失下，則其終有毀；偏下失上，則其進不傑⑲。故誠能三周，則為國所利。此正直之交也。故皆合而是，亦有違比⑳；皆合而非，或在其中。若有奇異之才，則非眾所見。而耳所聽采㉑，以多為信。是繆㉒於察譽者也。

【注釋】❶采訪　搜求尋訪。❷徵質　謂外部表徵與內在質地，即行為與本質。❸化　變化；改變。❹嫌　仇隙；怨恨。❺萬原　謂原因眾多。原，原由。❻暢　暢通。引申為通曉。❼胡　怎麼；如何。❽以目正耳　以所見糾正所聞。正，糾正。❾敗　毀壞；毀敗。❿州閭　古代地方行政區劃州與閭的合稱，猶言鄉里。《禮記・曲禮上》鄭玄注：「周禮二十五家為閭，四閭為族，五族為黨，五黨為州。」⓫譽　稱讚；讚譽。⓬毀　誹謗；講人壞話。⓭三周　三方面。⓮所在肩稱　謂所到之處，一致稱譽。⓯援　提拔；擢用。⓰推　推選；薦舉。⓱周　完畢；最終完成。⓲咎毀　詆毀。⓳不傑　不突出。傑，特異；超出一般。⓴違比　違反正道，結黨營私。違，違悖。比，朋比勾結。㉑聽采　聽取採納。㉒繆　通「謬」。錯誤。

【語譯】搜尋選拔人才的關鍵，並不在於眾人毀譽的多與少。那些不明事物表徵與內在本質關係的人，只相信自己所聽到的，而不敢相信自己所看到的。因此，別人認為是正確的，他就跟著認為是正確的；別人認為是錯誤的，他也跟著別人而改變自己的看法。雖然對被考察者並沒有什麼私怨，但他對自己的認識從不懷疑。況且，人們觀察事物時，也會有失誤的地方。這是因為，每個人都摻雜著自己的愛憎與好惡，而這種情感產生的原因是多種多樣的。如果不能通曉事物的本質，怎麼可以對那些表面現象深信不疑呢？因此，善於識別人才的人，以自己的親眼所見來糾正道聽塗說可能產生的訛誤；不善於識別人才的人，以道聽塗說來影響客觀的觀察。因此，鄉里人士一致的稱譽或誹謗，未必能夠成為判斷一個人是非曲直的依據。與之交往的人，如果不是上中下各方面都讚譽不絕，未必可以相信他的為人。誠實忠厚的人，在交往中，必定會處處受到人們的讚譽。地位比他高的人提攜他，地位比他低的人推舉他，如果最終不能成功，必定是有人仇視詆毀他。所以，偏向與地位高的人親近而冷落了地位低的人，最終會被人非議毀謗；偏向與地位低的人親近而得罪了地位高的人，他的仕進就會受到阻礙而難以脫穎而出。因此，只有上層、下層和左右同僚都能接受的人，才會對國家有利。他們之間的交往才是正直的交往。大家一致讚許的人中間，也會有違背正道結黨營私的；而大家一致反對的人中間，或許也有真正的人才。至於奇異出眾之才，那就不是一般人所能識別的了。靠耳聞來選拔人才，認為多數人說的話總是可信的，這是考察人才時常犯的一種錯誤。

夫愛善疾惡，人情所常❶。苟不明質❷，或疏善善非❸。何以論之？

夫善非者，雖非猶有所是。以其所是，順己所長，則不自覺情通意親，忽忘其惡。善人雖善，猶有所乏❹。以其所乏，不明己長。以其所長，輕己所短，則不自知志乖氣違❺，忽忘其善。是惑於愛惡者也。

【注釋】❶人情所常　猶言人之常情。❷明質　察明實質。❸疏善善非　疏遠善良的人，善待邪惡之徒。❹乏　短處；缺失。❺志乖氣違　情緒抵觸，志趣違背。乖，違背；不協調。

【語譯】喜愛美好的事物，憎惡醜陋的事物，是人之常情。如果不能認清事物的本質，或許就會疏遠善良的人而親近邪惡的人。為什麼這樣說呢？一個人之所以會親近邪惡之徒，是因為邪惡之徒雖然醜陋，但並非一無是處。以他們某種值得肯定的東西來迎合自己的喜好，就會在不知不覺之中與他們情投意合，進而忘記他們醜陋的一面。善良的人雖然美善，但也有缺點。因其缺點而看不到自己的優點；或因其長處而忽視了自己的短處，便在不知不覺之中情緒抵觸，志趣相違，一下子忘記了對方的優點。這就是受個人好惡之情困惑的緣故。

夫精❶欲深微❷，質❸欲懿重❹，志欲弘大，心欲嗛小❺。精微，所以入神妙也。懿重，所以崇德宇❻也。志大，所以戡物任❼也。心小，所以慎咎悔❽也。故《詩》詠文王，「小心翼翼❾」，「不大聲以色❿」，小心也。「王赫斯怒」，「以對于天下⓫」，志大也。由此論之，心小志大者，聖賢之倫⓬也。心大志大者，豪傑之雋⓭也。心大志小者，傲蕩⓮之類也。心小志小者，拘愞⓯之人也。眾人之察，或陋⓰其心小，或壯⓱其志大，是誤於小大者也。

【注釋】❶精　指人的精神活動。❷深微　深奧細微。❸質　稟性；本質。❹懿重　美好而厚重。懿，美好。❺嗛小　微小。引申為小心謹慎。❻崇德宇　使氣度恢宏崇高。德宇，猶器量、氣度。❼戡物任　能夠擢用。戡，通「勘」。能；可以。物任，選用；擢用。❽慎咎悔　謹慎地避免過錯。咎悔，過錯；悔恨。❾小心翼翼　語出《詩・大雅・大明》：「維此文王，小心翼翼。」文王，指周文王。❿不大聲以色　語出《詩・大雅・皇矣》。謂周文王謹慎持重，不靠外表聲色擡高自己。⓫王赫斯怒二句　語出《詩・大雅・皇矣》。謂周文王志向遠大，當怒則怒，誅紂而定天下。赫，發怒貌。⓬倫　類；同類。⓭儁　通「俊」。才智出眾。⓮傲蕩　性格倔強，行為放蕩。⓯拘愞　拘謹軟弱。⓰陋　鄙薄。⓱壯　推崇；讚許。

【語譯】精神要深刻細微，稟性要美善厚重，志向要寬弘博大，心理要纖細審慎。精神要深刻細微，才能進入神妙莫測的境地；品格美善厚重，才能氣度恢宏，不同凡響；志向遠大，才堪擢用，擔當重任；小心細微，才能謹慎行事，避免錯失。因此，《詩經》歌頌周文王「小心翼翼」，不大聲張揚，顯露於神色。這就是心思小心細緻的表現。周文王勃然發怒，誅紂滅商而定天下，這就是志向遠大的明證。由此而論，小心謹慎而胸懷大志的人，是聖賢的同類；心胸寬廣而志存高遠的人，是豪傑中的佼佼者；恣意驕縱而志向渺小的人，是傲慢放蕩之徒；心胸狹小而缺乏抱負的人，是拘謹軟弱之人。一般人在考察人才時，或因對方恭謹謙遜就認為他鄙俗淺薄，或因對方看似志向遠大就加以讚揚。這就是識別人才時對心志大小沒有弄清楚所造成的失誤。

夫人才不同，成有早晚。有早智而速成者，有晚智而晚成者，有少無智而終無所成者，有少有令才❶遂為雋器❷者。四者之理，不可不察。夫幼智之人，才智精達❸，然其在童髦❹，皆有端緒❺。故文本辭繁❻，辯始給口❼，仁出慈恤❽，施發過與❾，慎生畏懼，廉起不取❿。早智者，淺惠⓫而見速；晚成者，奇識而舒遲⓬；終暗⓭者，並困⓮於不足；遂務⓯者，周達⓰而有餘。而眾人之察，不慮其變，是疑於早晚者也。

【注釋】❶令才　出眾的才華。❷雋器　傑出的人才。雋，才德超卓。❸精達　精明通達。❹童髦　謂兒童時期。髦，古時兒童下垂至眉的短髮。❺端緒　頭緒。引申為苗頭。❻文本辭繁　謂擅長於文章的人，源本於幼年時言辭繁多。❼給口　亦作「口給」。言語便捷。❽慈恤　仁慈憐憫。❾過與　過多的給予。❿不取　不妄取他人之物。⓫淺惠　見識不深；小聰明。惠，通「慧」。⓬舒遲　從容不迫貌。⓭終暗　終身愚昧不明。暗，暗昧。⓮困　困窘；束縛。⓯遂務　成就事業。遂，完成。⓰周達　通達。

【語譯】人的才質不盡相同，事業的成功有早有晚。有早歲聰穎很快就成才的；有智力發展遲緩大智晚成的；有年少時缺乏才智、終其一生無所成就的；有年少即有才華而終成俊傑的。這四種情況所包涵的道理，不可不加以考察：年幼時就很聰慧的人，才能智力精微暢達，在他的兒童期已嶄露頭角。所以說，文章精妙的人，源本於年幼時辭語紛繁；能言善辯的人，開始於年幼時口齒伶俐；仁愛和善的人，出自年幼時慈善體恤；樂善好施的人，發端於年幼時慷慨大方；謹小慎微的人，形成於年幼時膽小怕事；公正廉明的人，萌生於年幼時不貪財物。早歲顯露才智的人，學識淺薄，靠小聰明而反應迅速；智慧晚發的人，見識奇特，從容不迫；一生愚昧的人，各方面都困擾於才智的不足；功成名就的人，諸事順通暢達，顯得游刃有餘。然而，一般人在考察人才時，不考慮事物發展進程中的種種變化，這就是在識別人才早秀與晚成問題上形成的疑惑。

夫人情莫不趣❶名利，避損害。名利之路❷，在於是得❸；損害之源，在於非失❹。故人無賢愚，皆欲使是得在己。能明己是，莫過同體❺。是以偏才之人，交遊進趨之類，皆親愛❻同體而譽之，憎惡對反❼而毀❽之，序異雜❾而不尚❿也。推而論之，無他故焉。夫譽同體，毀對反，所以證彼非而著⓫己是也。至于異雜之人，於彼無益，於己無害，則序而不尚。是故同體之人，常患於過譽⓬，及其名敵⓭，則尠⓮能相下⓯。是故直者性奮⓰，好人行直於人，而不能受人之訐⓱；盡者⓲情露，好人行盡於人，而不能納人之徑⓳；務名者⓴樂人之進趨過人，而不能出陵己㉑之後。是故性同而才傾㉒，則相援而相賴也；性同而勢均，則相競而相害也。此又同體之變也。故或助直而毀直，或與明而毀明。而眾人之察，不辨其律理㉓，是嫌㉔於體同也。

【注　釋】❶趣　通「趨」。趨附；追求。❷路　途徑。❸是得　因正確而獲得成功。❹非失　因錯誤而喪失。❺同體　同一類型的人。❻親愛　親近愛慕。❼對反　相對相反。指不同類型的人。❽毀　詆毀。❾序異雜　評定不同類型的人。序，依次排列。引申為評定。異，異己。雜，不純。❿尚　崇尚；尊崇。⓫著　顯露。⓬過譽　不符合事實的譽美。⓭名敵　謂名氣相當。敵，相當；匹敵。⓮尠　很少。⓯相下　處於對方之下。⓰性奮　性情亢奮。⓱訐　攻擊或揭發別人的短處。⓲盡者　性格外向的人。盡，盡情；縱意。⓳徑　徑露。指直言不諱。⓴務名者　追求功名的人。㉑陵己　陵駕於自己之上。陵，陵駕；超越。㉒才傾　謂彼此才有高下。傾，偏斜。引申為高下。㉓律理　規律；事理。㉔嫌　疑惑；疑忌。

【語　譯】人之常情，沒有不追逐名利、躲避禍害的。成就名利的途徑，在於正確地把握自己的優勢而獲得成功；造成禍害的根源，在於自身的缺點錯誤而導致失敗。所以，不論是賢明的人還是愚昧的人，都想使正確和成功歸於自己。而最能了解自己長處的，莫過於與己同一類型的人。因此，偏才的人，在與人交往以及仕途進取方面，都親善愛慕與自己類型相同的人並加以讚美，都憎恨厭惡與自己類型相反的人並加以詆毀。而對於那些既不與自己相同，又不與自己相反類型的人，只是排列他們的等第順序而不予推崇。進一步地推究論證，也沒有什麼其他的緣故。讚美相同類型的人，詆毀相反類型的人，不過是用證明對方錯誤的方法，來顯現自己的正確。至於那些既不與自己類型相同，又不與自己類型相反的人，對他人無益，對自己無害，只作序列，不予推崇。所以，同一類型的人，毛病在於常常過分譽美對方；而當他們與名聲相當的人相處時，卻很少能做到謙遜識禮，甘居人下。正直的人性情激奮，喜好別人用正直的態度待人，卻不能容忍別人揭露自己的隱私，攻擊自己的短處。隨心盡興的人感情外露，喜好對方為人爽快，卻不能虛心接納別人直言不諱的批評指責。熱中於功名的人，樂於見到別人追求仕進並得到擢用，卻不能容忍那些原本比自己地位低的人越居自己之上。因此，性情相同而才有高下的人，能夠相互援引，相互依賴；性情相同而勢均力敵的人，就會相互競爭並相互陷害，這又是同一類型人才相互關係中的一種變化。所以，有的人扶助正直，有時卻又毀謗正直的人；有的人讚許睿智，有時卻又毀謗睿智的人。然而，眾人不能察明其中的道理，這是由於同類人物之間容易產生疑忌的緣故。

夫人所處異勢❶，勢有申壓❷。富貴遂達❸，勢之申也。貧賤窮匱❹，勢之壓也。上才之人，能行人所不能行。是故達有勞謙❺之稱，窮有著明❻之節。中才之人，則隨世損益❼。是故藉❽富貴則貨財充於內，施惠周於外。見贍者❾，求可稱而譽之。見援者，闡❿小美⓫而大之。雖無異才，猶行成⑫而名立。處貧賤，則欲施而無財，欲援而無勢。親戚不能恤⑬，朋友不見濟⑭。分義⑮不復立，恩愛浸⑯以離。怨望⑰者並至，歸非⑱者日多。雖無罪尤⑲，猶無故而廢⑳也。故世有侈儉㉑，名由進退。天下皆富，則清貧者雖苦，必無委頓㉒之憂，且有辭施㉓之高，以獲榮名之利。皆貧，則求假㉔無所告，而有窮乏之患㉕，且生鄙吝㉖之訟㉗。是故鈞才㉘而進，有與之者，則體益而茂遂㉙。私理卑抑㉚，有累㉛之者，則微降㉜而稍退。而眾人之觀，不理其本，各指其所在㉝，是疑於申壓者也。

【注釋】❶異勢　不同的地位、情勢。❷申壓　伸展與壓抑。此指擢拔與壓制人才。❸遂達　通達。遂，指實現願望。❹窮匱　窮困匱乏。❺勞謙　勤謹謙虛。❻著明　彰著光明。❼隨世損益　隨著時世的變化而增減變動。損益，增減；盈虧。引申為黜陟、升降。❽藉　憑藉。❾見贍者　猶受惠者。贍，供給；供養。❿闡　顯揚；闡明。⓫小美　小的善行。⓬行成　德行修成；美行養成。⓭恤　體恤；憐憫。⓮濟　接濟；救助。⓯分義　名分道義。⓰浸　漸漸。⓱怨望　心懷不滿。⓲歸非　將過失推諉給別人。⓳罪尤　罪過。尤，過失。⓴廢　棄置。㉑侈儉　奢侈與儉約。㉒委頓　頹喪疲乏。㉓辭施　不接受別人的施捨。辭，推辭。㉔求假　猶求借。

㉕患　擔憂；憂慮。㉖鄙吝　鄙俗嗇吝；過分吝惜錢財。㉗訟　爭執；爭辯。㉘鈞才　謂相同的資質。鈞，通「均」。㉙體益而茂遂　謂得到幫助，增益其體而獲得成功。㉚私理卑抑　因私心偏見而被壓抑。㉛累　牽累；妨礙。㉜微降　卑微貶抑。㉝所在　謂其位置，即所居地位、官職。

【語　譯】人處在不同的地位，情勢有伸展與壓抑的區別。富貴通達，這是得勢；貧賤困乏，這是失勢。上等才能的人，能夠做常人不能做的事情，因此，順達時，有勤謹謙遜的美稱；窮困時，有彰著賢明的節操。中等才能的人，隨著時代的變遷而沉浮起伏，因此，憑藉富貴亨通，對內聚斂財富，對外廣施博捨。受他接濟的人，尋找可以稱許的地方極力讚美；受他援助的人，顯揚那些小的善舉，誇大其德行。這種人雖然沒有什麼特殊的才能，仍然可以做成事情，樹立起名聲。如果處在貧困卑下的境地，想要對人施捨卻沒有錢財，想要援助他人卻無權無勢，對親戚不能體恤，對朋友無從周濟，應盡的名分和道義不能履行，親朋間的情感漸漸疏遠、分離。心懷不滿的人接踵而至，歸咎非難的人日見增多。這種人雖然自身沒有什麼罪責，仍然無故被人棄置。所以，人世間有奢侈與儉約的區別，名位有升降進退的變化。當天下的人都很富足時，清貧的人雖然窮苦，但絕不會有頹喪困頓以致活不下去的擔憂，甚且有不接受別人施捨的高名，進而獲得美譽。而當天下的人都很貧困時，則會出現借貸無門的窘況，清貧的人就會有窮困匱乏而無飯吃的憂患，在這種情況下很容易產生鄙俗嗇吝、過分計較財物的爭執和訴訟。所以，同等才能的人，如果在仕途中得到別人的提攜和幫助，就能充分發展，功成名就。與此相反，如果被上層人物的私心偏見所壓制，又被下層親戚朋友所牽累，就會卑微貶抑，不得進趨而退居下風。然而，一般人的觀察，不去推究事物的根本原因，只注意各自的官職地位，這是因不了解人才有被提攜與壓抑的區別而造成的認識上的疑惑。

夫清雅❶之美，著乎形質❷，察之寡失。失繆❸之由，恆❹在二尤❺。二尤之生，與物異列。故尤妙❻之人，含精於內，外無飾姿；尤虛❼之人，碩言瑰姿❽，內實乖反❾。而人之求奇，不可以精微測其玄機❿，明異希⓫。或以貌少⓬為不足，或以瑰姿為巨偉⓭，或以直露為虛華⓮，或以巧飭⓯為真實。是以早拔⓰多誤，不如順次。夫順次，常度⓱也。苟不察其實，亦焉往而不失？故遺賢而賢有濟⓲，則恨在不早拔；拔奇而奇有敗⓳，則患在不素別⓴；任意而獨繆，則悔在不廣問；廣問而誤己，則怨己不自信。是以驥子發足，眾士乃誤㉑。韓信立功，淮陰乃震㉒。夫豈惡奇而好疑哉？乃尤物㉓不世見，而奇逸美異也。是以張良體弱㉔，而精彊為眾智之雋也。荊叔㉕色平㉖，而神勇為眾勇之傑也。然則雋傑者，眾人之尤也；聖人者，眾尤之尤也。其尤彌出㉗者，其道彌遠。故一國㉘之雋，於州㉙為輩㉚，未得為第㉛也。一州之第，於天下為根㉜。天下之根，世有優劣。是故眾人之所貴，各貴其出己之尤，而不貴尤之所尤。是故眾人之明，能知輩士之數，而不能知第目之度㉝。輩士之明，能知第目之度，不能識出尤之良也。出尤之人，能知聖人之教㉞，不能究之入室之奧㉟也。由是論之，人物之理，妙不可得而窮㊱已。

【注釋】❶清雅　清高拔俗。❷形質　形貌氣質。❸失繆　失誤。繆，通「謬」。謬誤。❹恆　經常；常常。❺二尤　指下文尤妙、尤虛二種人。尤，格外；特出。❻尤妙　特別美妙；超奇。❼尤虛　特別虛偽。虛，浮誇不實。❽碩言瑰姿　浮誇的言辭，瑰美的姿容。碩，大。瑰，美好。❾乖反　違背；不合常情。❿玄機　深奧微妙的義理。⓫異希　奇特罕見。希，同「稀」。⓬貌少　謂容貌欠缺、其貌不揚。⓭巨偉　特別奇偉。⓮虛華　空虛浮華。⓯巧飭　巧妙偽裝，掩飾真情。飭，通「飾」。⓰拔　提拔；擢升。⓱常度　常規；一定的法度。⓲濟　成就；成功。⓳敗　毀敗；敗壞。⓴素別　預先鑑別。素，平時；預先。㉑驥子發足二句　謂俊逸之才施展才華，眾人才恍然大悟。驥子，良馬。後比喻英俊之才。發足，猶奮蹄。語出龐統事。龐統投奔劉備，初未被重用，被安置在耒陽縣當一個縣令。吳將魯肅致函劉備說：「龐士元非百里才也，使處治中、別駕之任，始當展其驥足耳。」（《三國志・蜀書・龐統傳》）誤，從文意當為「悟」。悟，醒悟；恍然大悟。㉒韓信立功二句　謂韓信建立功勛，淮陰百姓為之震驚。淮陰，縣名，秦代設置，在今江蘇淮陰西南。韓信為淮陰人，因功封為楚王，後降為淮陰侯。㉓尤物　特出的人物。㉔張良體弱　語出《史記・留侯世家》：「張良多病，未嘗特將也，常為畫策臣，時時從漢王。」張良與蕭何、韓信合稱「漢初三傑」。劉邦曾對群臣說：「夫運籌策帷帳之中，決勝於千里之外，吾不如子房。」㉕荊叔　即荊軻，戰國時衛人，又稱荊卿，名慶卿，為燕太子丹門客。受命赴秦刺殺秦王，未遂被殺。㉖色平　氣色平和。燕太子丹曾與田光商量謀刺秦王事。田光評論太子丹手下的幾個勇士，皆一發怒，臉色大變，不可使用。唯其好友荊軻，「神勇之人，怒而色不變」，堪擔重任。於是太子丹禮聘荊軻。事見《史記・刺客列傳》。㉗彌出　更加突出。㉘國　指郡國。漢魏時期諸侯王的封地。㉙州　古代行政區劃。兩漢三國時，轄地在郡之上。㉚輩　某一等級、某一類別的人或物。㉛第　等第；次第。㉜根　門樞；承托門軸的臼形物。㉝第目之度　品鑑人物的標準。第目，猶品第。品評人物。㉞教　教化。㉟入室之奧　謂學問技藝達到精深的地步。入室，典出《論語・先進》：「由也升堂矣，未入於室也。」古代房屋前堂後室，升堂比喻剛剛入門，入室比喻進入更高境界。㊱窮　窮盡；探根究源。

【語　譯】清高拔俗的美質，表現在人的形貌氣質上，考察起來很少會出現偏差。產生錯誤的原因，常常在於對「二尤」，即尤妙和尤虛之人認識上的模糊不清。「二尤」的產生，與一般人完全不一樣。特別奇特的人，將精神蘊含在內部，外表沒有任何粉飾的姿容；特別虛偽的人，言辭浮誇，儀態瑰美，而內在的實際情況卻正好與此相反。而人們在鑑別人才時，往往追求新穎奇特，卻不去精細入微地探測其深奧玄妙的道理，明辨其奇異罕見之處。他們或因對方相貌平平就認為其才識不足，或因對方姿容瑰美就認為其超群不凡，或因對方直率坦露就認為其空虛浮華，或因對方巧言令色就認為其誠實可靠。因此，與其過早地提拔人才而產生失誤，還不如按照正常的順序進行選拔。按照正常的順序，符合事物的常規。如果不能察別人才的實際情況，怎麼可以保證不引起失誤呢？因此，選才時遺漏了賢才而賢才最終取得了成功，就會悔恨為什麼沒有早點提拔他；選拔奇才而奇才最終敗壞了事情，就會遺憾為什麼沒有預先有所識別；一意孤行而最終證明錯誤在自己方面，就會懊悔當初為什麼不廣泛地聽取大家的意見；廣徵博問而莫衷一是因此耽誤了自己的事情，就會埋怨自己為什麼不多一點自信。所以，龐統像駿馬一樣奮蹄而起施展才華時，眾人才醒悟他具有何等的才能；韓信建立功勛論功行賞時，家鄉淮陰的百姓才深深地感到震驚。難道是人們厭惡奇異之才而喜好疑惑不定嗎？究其原因，是因為才智特出的人物世間罕見，他們奇特美好、異乎尋常之處難以被眾人認識罷了。所以，張良雖然體弱多病，卻精明強幹，成為眾多智者之中的俊才。荊軻雖然氣色平和，卻神武勇猛，成為眾多勇士之中的英傑。俊逸傑出者就是眾人中尤其突出的人才，而聖人又是這些眾多人才中超凡拔俗的人物。一個人，他的才能越是突出，他所達到的境界就越深遠。因此，一個郡國中的才智出眾者，在一個州的轄區內就會成批出現，排不上名次。一個州中進入等第的人才，在全國範圍內就如同門臼一樣的普通。就算是國家級別的人才，在各個時代也會有高低優劣的區別。而一般人所看重的，僅僅是那些才能超過自己的人，對於人才中的出類拔萃者，因為他們的才華太突出了，反而不被重視。所以，一般人的聰明才識，只能粗略了解郡國中人才的情況，而不能了解州級人才的標準。郡國中人才的眼力，只能了解州級人才的標準，而不能識別特出人才的賢能卓異。特別突出的人才，能理解聖人的教化，卻不能進一步掌握道德學問精湛深邃的道理。由此而論，考察識別人才的道理，深妙莫測，不可窮盡。

【研　析】在鑑識人才的問題上，劉卲分析了人們易犯的七種錯誤，稱之為「七繆」。劉昞注釋篇名說：「人物之理，妙而難明。以情鑑察，繆猶有七。」

所謂七繆，「一曰，察譽有偏頗之繆；二曰，接物有愛惡之惑；三曰，度心有小大之誤；四曰，品質有早晚之疑；五曰，變類有同體之嫌；六曰，論才有申壓之詭；七曰，觀奇有二尤之失。」

為什麼會出現這樣的錯誤呢？概括地說，其原因如下：

一是在識人量才時，依人之毀譽定長短，論優劣，偏聽偏信，不加考察。加上有的人特立不群，隱含不露，不易被人認識與理解。因此，「信耳而不敢信目」，必然失之於片面，這就是犯了以「名」為標準的錯誤。劉邵指出：「知人者，以目正耳；不知人者，以耳敗目。」這是十分重要的經驗總結。

二是只看表面現象，不見事物本質。劉邵認為，在識別奇異之人的問題上，這一點表現得尤為突出。他說，人有「尤虛」、「尤妙」二種。尤妙之人，「含精於內，外無飾姿」，是真正的人才。而「尤虛」之人，「碩言瑰姿，內實乖反」，是需警惕的對象。但人們往往為浮飾的假象所迷惑，「或以貌少為不足，或以瑰姿為巨偉，或以直露為虛華」，信形不移，這便犯了謬於現象而不見本質的錯誤。在觀察人物心志的問題上，這一謬失也常常表現得很明顯。劉昞在注解中舉例說：人們聽說劉邦燒絕棧道，就斷言他不會有大的作為；看見項羽號稱強楚，就認為他能獨霸天下，而事實正好相反，這就是對人的本質缺乏正確的認識。

三是站在個人的立場上，以「己」為標準看待問題。這又可分為兩個方面：一是以自己情感志趣上的好惡取人。情與己同，則忘其惡；意與己異，則忘其善，因而不能作客觀公允的評判。一是出於個人利弊得失的考慮，有意貶抑他人，這種情況往往發生在才能相近、對自己具有競爭力的人才之中，即所謂「性同而勢均，則相競而相害也」。劉昞注解說：「恐彼勝己，則妒善之心生。」

四是以靜止的眼光看待事物，看不到事物的發展變化。由於每個人的才質不同，成長的道路各異，有的早秀，有的晚成，有的少無志終老無成，有的幼達理長則愈明。如果看不到這種變化，怎能不發生認識上的偏差呢？

五是識拔人才時會受對方權勢財富的影響。如身居富貴之中，志可得到伸張，「雖無異才，猶行成而名立」；而處在貧賤之中的人，「欲施而無財，欲援而無勢。親戚不能恤，朋友不見濟」，志向受到壓抑，難以得到擢拔。這就是所謂的「所處異勢，勢有申壓」。如戰國時的蘇秦，遊說秦國，不被採用，窮困潦倒，回到家中，妻子只管織她的布，像沒看見一樣；嫂嫂不為炊；連父母也懶得理睬他。可是當他得勢，身佩六國相印路過故鄉時，父母迎於百里之外；妻子側目而視，傾耳而聽；兄嫂匍伏郊迎。同樣一個人，為何前倨後恭、待之迥別呢？就是因為人們被申壓所惑，視「申達者為才能，壓屈者為愚短」的原因。如此觀人，怎能不失誤呢？

「七繆」說揭示了考察人才的複雜性，給人的啟示良多。例如，它告誡人們，鑑識人才不能聽言信貌，人云亦云，而必須深入考察，透過現象，看清本質。這正如孟子所說的：「左右皆曰賢，未可也；諸大夫皆曰賢，未可也；國人皆曰賢，然後察之；見賢也，然後用之。左右皆曰不可，勿聽；諸大夫皆曰不可，勿聽；國人皆曰不可，然後察之；見不可也，然後去之。」（《孟子・梁惠王下》）這才是鑑識人才的正確方法。

效難第十一

蓋知人之效❶有二難：有難知之難，有知之而無由得效❷之難。何謂難知之難？人物精微❸，能神而明❹，其道❺甚難，固難知之難也。是以眾人之察不能盡備❻，故各自立度❼，以相觀采❽。或相❾其形容❿，或候⓫其動作，或揆⓬其終始⓭，或揆其儗象⓮，或推⓯其細微，或恐其過誤⓰，或循⓱其所言，或稽⓲其行事。八者遊雜⓳，故其得者少，所失者多。是故必有草創信形⓴之誤，又有居止㉑變化之謬。故其接遇㉒觀人也，隨行信名，失其中情㉓。故淺美㉔揚露，則以為有異；深明沉漠㉕，則以為空虛㉖；分別妙理㉗，則以為離婁㉘；口傳甲乙㉙，則以為義理㉚；好說是非，則以為臧否㉛；講目㉜成名，則以為人物㉝；平道㉞政事，則以為國體㉟。猶聽有聲之類，名隨其音。夫名非實，用之不效㊱。故曰：

名猶口進㊲，而實從事退。中情之人㊳，名不副㊴實，用之有效。故名由眾退，而實從事章㊵。此草創之常失也。故必待居止㊶，然後識之。故居㊷，視其所安；達㊸，視其所舉㊹；富，視其所與㊺；窮㊻，視其所為；貧，視其所取。然後乃能知賢否。此又已試㊼，非始相㊽也。所以，知質未足以知其畧。且天下之人，不可得皆與遊處。或志趣㊾變易，隨物而化；或未至而懸欲㊿；或已至而易顧(51)；或窮約(52)而力行(53)；或得志而從欲(54)。此又居止之所失也。由是論之，能兩得其要，是難知之難。

【注釋】❶效　證驗。❷無由得效　謂無法舉薦致用以驗證其才能。❸精微　精深隱秘。❹神而明　即神明。謂明智如神，無所不知。❺道　思想；學說。❻盡備　全面完備。❼立度　確立標準。❽觀采　觀察採擇。❾相　審視；仔細看。❿形容　容貌。⓫候　窺望；偵看。⓬揆　測度；考察。⓭終始　即始終。開始與結束。⓮擬象　擬想的形象。擬，比擬。劉昞注：「以旨意取人。」⓯推　探究。⓰過誤　過失、錯誤。⓱循　依照。⓲稽　考核。⓳遊雜　雜亂；不統一。劉昞注：「各以意之所可為準，是以雜而無紀。」⓴草創信形　謂初步接觸，便相信其外在形貌。草創，初始創設。此指初步接觸。㉑居止　猶起居行動。㉒接遇　交往；接觸。㉓中情　內心的思想感情。㉔淺美　指膚淺的才能。㉕深明沉漠　深邃叡智，沉默寡言。㉖空虛　空無；不充實。㉗妙理　精妙的理論。㉘離婁　傳說中黃帝時人，一稱離朱。能視百步之外，見秋毫之末。㉙甲乙　謂次第、等級。

引申為評定優劣。㉚義理　研究經義、探求名理的學問。亦泛指事物的道理。㉛臧否　謂善於評論優劣善惡之人。㉜講目　講品第目。㉝人物　謂有才德名望的人。㉞平道　評論。平，通「評」。㉟國體　謂具備德、法、術三種才能的人。㊱不效　沒有成效。㊲名猶口進　名聲經由口頭傳播而顯揚。猶，通「由」。經過；從。㊳中情之人　指有才能而不輕易外露的人。中情，內心的思想感情。㊴副　相符；相稱。㊵章　通「彰」。顯揚。㊶居止　猶言起居行動。㊷居　平素家居。㊸達　通達；得志。㊹舉　舉薦；推舉。㊺與　給予；捨予。㊻窮　困阨；不得志。㊼已試　已經做過考察。㊽始相　最初的印象。㊾志趣　志向情趣。㊿懸欲　懸思企盼。(51)易顧　改變關注目標。(52)窮約　窮困；貧賤。(53)力行　勉力而行。(54)從欲　即縱欲。盡其所欲，不加約束。從，通「縱」。

【語譯】要驗證對人才的識別和使用是否正確，存在兩方面的困難：一是人才有難以識別的困難，一是有識別了卻無法舉薦以發揮其才能的困難。什麼叫做人才有難以識別的困難呢？人才的內心世界是十分精深隱秘的，要想像神明那樣無所不知地深入了解他，是一門十分繁難的學問，這就是難以識別人才的困難所在。而一般人對人的觀察不能做到全面完備，因此，人們各自確立自己的標準尺度，用來觀察和選擇人才：有的人注重審察外表，以貌取人；有的人注意觀察別人的舉止行動；有的人關注別人前後經歷的全部過程；有的人喜歡揣摩別人的意旨目的；有的人偏好推究別人流露出的細微情感；有的人仔細琢磨別人的錯誤過失；有的人只聽別人的言辭，以言取人；有的人著重考核別人的辦事效能。以上八種情況錯綜複雜，因此，得到正確判斷的時候少，而判斷失誤的時候卻很多。這必然造成草率行事以貌取人的錯訛。又由於不了解環境、地位的變化對人的影響，而形成認識上的謬誤。因此，在接觸和觀察人才時，他們總是依隨對方的行為，相信其外在的名聲，而失去對其思想內涵的把握。見到愛表現自己、才能膚淺的人，就認為他與眾不同；見到深邃叡智、沉默寡言的人，就認為他肚中空空，沒有學識；見到能言善辯、說理精妙的人，就認為他目光敏銳，像離婁那樣明察秋毫；見到口口聲聲談論等級次第的人，就認為他精通義理；見到喜歡撥弄是非的人，就認為他是善於臧否的人才；見到喜好議論品目名分的人，就認為他是有才德名望的人士；見到妄談國家政事的人，就認為他是國體方面的俊傑。這就如同我們聽到事物發出某種聲音，就按照這種聲音給它確定一個名字一樣。如果事物名不副實，那它的名聲就失去了作用。所以說，名聲經由人的口頭傳播得到顯揚，虛浮者的實際才幹卻會在辦理事務的過程中暴露出不足。而那些內心充滿智慧但不外露的人，名聲與實際情況不相吻合，他們一旦得到任用，便會卓有成效。如此看來，雖然他們的名聲被眾人貶抑，但實際才幹卻會在處理具體事務的過程中得到彰明顯揚。這就是僅憑初步接觸就妄加判斷常犯的失誤。因此，一定要注意觀察人平時的所作所為，然後才談得上識別人才。所以，觀察一個人，平時，要看他安於什麼樣的生活；仕途發達了，要看他舉薦什麼樣的人才；富貴後，要看他如何施捨；困阨不得志時，要看他有何作為；貧賤之中，要看他如何對待財物。然後，才能知道他是否賢能。這是經過考察得出的結論，並非根據最初的印象。所以，即便了解了一個人的本質，還不能說已了解了他的具體情況。況且，天底下的人如此之多，我們不可能都與之同遊共處。他們中間，有的人志向意趣會轉移，隨著事物的變化而變化；有的人對尚未得到的東西懸思企盼，而一旦得到便棄之如敝屣，轉而關注他物；有的人窮困潦倒時勉力而行，而一旦春風得意，便縱意任性，忘乎所以。以上這些，便是只靠觀察一個人平時的舉止行為容易產生失誤的原因。由此看來，要做到既了解日常狀況下人才的種種情況，又能把握住特定狀況下人才的變通轉化，兩方面都得其要領，這是難於識別人才的困難所在。

何謂無由得效之難？上才已莫知，或所識者在幼賤❶之中，未達❷而喪；或所識者未拔❸而先沒❹；或曲高和寡❺，唱不見讚❻；或身卑力微，言不見亮❼；或器非時好❽，不見信貴❾；或不在其位，無由得拔；或在其位，以有所屈迫❿。是以良才識真⓫，萬不一遇也。須識真在位，識百不一有也。以位勢值⓬可薦致之，宜十不一合也。或明⓭足識真，有所妨奪，不欲貢薦⓮；或好貢薦，而不能識真。是故知與不知，相與分亂⓯於總猥⓰之中。實知者患於不得達效，不知者亦自以為未識，所謂無由得效之難也。故曰：知人之效有二難。

【注釋】❶幼賤　謂幼年與卑微時。❷達　得志；顯貴。❸拔　提拔；擢用。❹沒　通「歿」。死。❺曲高和寡　原指樂曲的格調越高，能跟著唱的人就越少，比喻卓越不凡的人，知之者甚少。❻唱不見讚　謂倡導而不見響應。唱，通「倡」。讚，讚美頌揚。此指響應。❼言不見亮　謂所言不為人接受。見亮，同「見諒」。謙詞，謂請對方原諒自己。❽器非時好　謂才能不合時尚，不被人看好。❾信貴　信任並看重。❿屈迫　委屈、壓抑。⓫識真 識別真實情況。⓬值 遇上；碰上。⓭明 聰明才智；明智。⓮貢薦 向朝廷舉薦人才。⓯分亂 同「紛亂」。雜亂貌。⓰總猥 聚合貌。

【語　譯】什麼叫做人才有無法舉薦的困難呢？上等才能的人難以識別，前面已經說過。有人尚處在年輕資淺、地位卑微之中，未曾得志，就已夭折；或者還未來得及被提拔，就先去世；或者有人見識卓越不凡，卻得不到眾人的賞識；有人身分卑下，力量微薄，說話沒有分量；有人是才能不為時尚所好，不被人信任和看重；有人不在其位，無從選拔人才；有人雖然身居其位，但受到外力的屈折、壓迫，欲薦不能。所以，良才遇上能夠識別真才實學的人，一萬個人當中難得有一次機會。而識才者又必須處在合適的位置上，這樣，一百個被識者中也難得有一次機會。按鑑識者的地位、權勢正當可以舉薦人才使之得到任用，但在十個人才中也不一定有一個與他相投合。此外，有的人智力足以識別人才，但因有所妨礙，不想向上舉薦；也有的人一心想推舉人才，但苦於不識人才。因此，識才與不識才的人，共同存在於錯綜複雜的境況之中。真正識才的人，擔憂的是人才不能被推舉任用取得成效；不識人才的人，則認為自己沒有遇到人才：這就是人才無法得到舉薦的難處。所以說，識別人才並加以推舉任用，存在二個方面的困難。

【研　析】識賢困難，用賢更難，這是社會的普遍現象。漢代崔寔曾指出：賢才難為世所知所用，越是大才越是如此，如孔、孟，「當時皆見薄賤而莫能任用，因厄削逐，待放不追，勞辱勤瘁，為豎子所識笑」。（《政論》）

劉邵在總結前人思想的基礎之上，提出了「效難」說。

所謂效難，包括二個方面，一是「難知之難」，一是「知之而無由得效之難」。

「難知之難」，指人才有難以鑑別的困難。其原因有三：首先因為人是複雜的，「精微莫測」，玄奧無窮。有的人看起來藹若春風，其內心卻險若山川，即便是大聖大哲，也難以察其際涯，何況是一般人呢？其次，眾人「各自立度，以相觀采」。即從各自的立場出發，用各自的尺度來衡量人物，品評賢能，執其一端，必然失之偏頗。因此，所得者少而所失者多，難以真正識別人才。第三，人是發展變化的，「或志趣變易，隨物而化；或未至而懸欲；或已至而易顧；或窮約而力行；或得志而從欲」。如王莽，「初則布衣折節，卒則窮奢極侈」（劉昞注語），便是最好的例證。所以，以靜止的眼光看待人才，必然失誤。而要做到既知其情，又察其變，對於常人來說，是很困難的。

「知之而無由得效之難」，指雖能識別人才，但卻無從舉薦，人才難以發揮其效用。產生這種現象的原因有多種：或者是被識者由於意外變故，「未達而喪」、「未拔而先沒」；或者是被識者曲高和寡，不為時尚所好；或者是舉薦者「身卑力微」，說話沒有分量；或者是舉薦者不在其位，不具備擢拔人才的條件；或者是舉薦者雖在其位，但迫於外界壓力，無由得薦。劉邵因此感嘆：「良才識真，萬不一遇也。」

除了上述原因之外，劉邵還指出：一些有識之士也可能出於妒嫉的心理，擔心賢才對自己構成威脅而「不欲貢薦」；一些身居其位的人又苦於不識人才而無從薦舉。種種情況，錯綜複雜，交織在一起，造成了人才「無由得效之難」。

《大戴禮記・衛將軍文子》中說：「智莫難於知人。」正確地識別人才確實是一件十分困難的事，但劉邵認為，這種困難是可以借助「五視」法加以解決的。所謂「五視」，即「居，視其所安；達，視其所舉；富，視其所與；窮，視其所為；貧，視其所取」。劉邵反對僅憑初步接觸或外表印象就判斷一個人的長短優劣，主張全面了解一個人在各種不同狀況下的所作所為，這種考察人物的方法顯然比「八觀」法又深入了一步。「八觀」法只是一般地就人們的行為表象進行衡量和測知，而「五視」法則是通過對特殊環境中人物的考察，由表及裡地深入了解，因此，更加科學，也更切實可行。

劉邵在論述「五視」法之前，還提出了一個頗具價值的觀點：「必待居止，然後識之。」這裡的「居止」，含有「穩定狀態」的意思。倘若我們將其與「八觀」法中的「觀其感變，以審常度」聯繫起來看，就不由人不讚嘆，劉邵關於人才鑑別的理論是多麼全面。他既強調了識別人才時必須觀察其在變化條件下的言行舉止，同時又強調了必須關注其在穩定狀態下的行為表現，因為只有把二者結合起來，才能客觀而全面地把握一個人的本質特徵。

釋爭第十二

蓋善以不伐❶為大，賢以自矜❷為損。是故舜讓于德❸，而顯義❹登聞❺；湯降不遲❻，而聖敬日躋❼；郄至❽上人❾，而抑下滋甚❿；王叔⓫好爭，而終于出奔⓬。然則卑讓降下者，茂進⓭之遂路⓮也；矜奮⓯侵陵⓰者，毀塞⓱之險途也。是以君子舉不敢越儀準⓲，志不敢凌軌等⓳，內勤己以自濟⓴，外謙讓以敬懼。是以怨難不在於身，而榮福通於長久也。彼小人㉑則不然，矜功伐能，好以陵人。是以在前者人害之，有功者人毀之，毀敗者人幸㉒之。是故並轡㉓爭先，而不能相奪。兩頓㉔俱折，而為後者所趨㉕。由是論之，爭讓之途，其別明矣。

【注釋】❶伐　誇耀。❷自矜　猶自誇。矜，自負其能。❸舜讓于德　舜讓位於有德之人。舜為傳說中的古代賢君，名重華，號有虞氏。帝堯年邁，下令求賢，禪讓於舜。舜舉賢任能，興利除弊，年老後讓位給治水有功的大禹。❹顯義　顯揚正義。❺登聞　猶上達。此指名揚四海。❻湯降不遲　湯及時貶抑、誡勉自己。湯，又稱武湯、成湯、武王等，商代開國君主。降，貶抑；降低。不遲，猶及時。夏桀暴戾無道，湯興師滅夏，不敢自伐其功，發布文告（即《尚書・湯誥》），表示嚴於自責之心。又刻銘文盤上，用以自勉。❼日躋　一天天上升。躋，登；上升。❽郄至　即郤至，又稱郤昭子。春秋晉景公時為溫大夫。屢建功於晉。與郤錡、郤犨並侈而多怨，人稱「三郤」。後被殺。❾上人　凌駕於他人之上。❿抑下滋甚　貶損得更加厲害。抑，向下壓；壓抑。滋，更加；益。甚，嚴重；厲害。⓫王叔　出自姬姓。周襄王季父王子虎為太宰，賜族曰王叔氏。或說為東周卿士王叔陳生，與伯輿爭訟，伯輿理直，王叔不能辯，出奔晉國。事見《左傳・襄公十年》。⓬犇　同「奔」。⓭茂進　奮發精進。⓮遂路　通達的道路。⓯矜奮　自恃其勇，驕傲自負。⓰侵陵　侵犯欺凌。⓱毀塞　毀敗與阻塞。⓲儀準　法度標準。⓳軌等　法度等級。儀準、軌等合稱軌儀，指法度規定。⓴自濟　自成其事。濟，成功。㉑小人　指人格鄙下、識見淺薄的人。㉒幸　慶幸；幸災樂禍。㉓並轡　並駕；並驅。轡，馬韁。㉔頓　困乏。㉕邁　疾行；奔赴。此指超越。

【語　譯】美好的品行，以不自我顯耀為最高準則；賢能由於自高自大而受到損害。因此，虞舜讓位給有德之人，從而彰顯義行，名揚四海。成湯及時貶抑、誡勉自己，他的聖明贏得人們日盛一日的崇敬。晉國大夫郤至總想凌駕於他人之上，結果卻落得個十分淒慘的下場。周朝的王叔喜歡與人爭執，最終只好棄國出奔。由此看來，甘願降低自己的身分，謙恭退讓，才能奮發精進，踏上通衢大道。而驕傲自負，盛氣凌人，則是毀敗和阻塞自己前程的危險途徑。因此，君子的行為舉止，不敢超過法度標準，君子的思想願望，不敢逾越法規制度。對內勤於修身，完善自我；對外謙遜禮讓，恭敬謹慎。這樣，怨恨和非難不至於招惹上身，而榮耀和幸福會保持得很久遠。而那些鄙俗的小人卻不是這樣，他們居功自傲，誇耀自己的才能，喜好欺凌別人。因此，他們官居別人之前時，就會被人忌妬；他們立了功勞，就會被人詆毀；他們挫折失敗，人家就會幸災樂禍。因此，當他們與對手並駕齊驅、奮力爭先時，就不能超過對方；而當雙方精疲力竭兩敗俱傷時，反被處在後面的人超越。由此而論，爭名奪利和謙遜禮讓這兩種不同的處世態度，它們之間的區別是十分明顯的。

然好勝之人，猶謂不然。以在前為速銳❶，以處後為留滯❷，以下眾❸為卑屈，以躡等❹為異傑，以讓敵❺為迴辱❻，以陵上❼為高厲❽。是故抗奮遂往❾，不能自反❿也。夫以抗⓫遇賢，必見遜下⓬；以抗遇暴，必構⓭敵難⓮。敵難既構，則是非之理必溷⓯而難明。溷而難明，則其與自毀何以異哉？且人之毀己，皆發怨憾⓰而變生釁⓱也，必依託於事，飾成端末⓲。其於聽者雖不盡信，猶半以為然也。己之校報⓳，亦又如之。終其所歸，亦各有半。信著於遠近也。然則交氣疾爭⓴者，為易口而自毀㉑也；並辭競說者，為貸手以自毆㉒。為惑繆㉓豈不甚哉？然原㉔其所由，豈有躬自㉕厚責，以致變訟㉖者乎？皆由內恕㉗不足，外望㉘不已。或怨彼輕我，或疾㉙彼勝己。夫我薄而彼輕之，則由我曲㉚而彼直也；我賢而彼不知，則見輕㉛非我咎㉜也。若彼賢而處我前，則我德之未至也；若德鈞㉝而彼先我，則我德之近次㉞也。夫何怨哉？且兩賢未別，則能讓者為雋㉟矣。爭雋未別，則用力者為憊㊱矣。是故藺相如以迴車決勝於廉頗㊲，寇恂以不鬭取賢於賈復㊳。物勢之反㊴，乃君子所謂道㊵也。是故君子知屈之可以為伸，故含辱而不辭；知卑讓㊶之可以勝敵，故下之而不疑。及其終極，乃轉禍而為福，屈讎㊷而為友。使怨讎不延於後嗣㊸，而美名宣㊹於無窮。君子之道，豈不裕㊺乎？

【注釋】❶速銳　快速銳進。❷留滯　停滯不前。❸下眾　謂謙恭識禮，甘心居眾人之下。❹躐等　逾越等級。躐，踩；超過。❺讓敵　謂寬容對手。讓，退讓。引申為寬待。敵，泛指對手。❻迴辱　猶屈辱。❼陵上　犯上。❽高厲　高超；高強剛厲。❾遂往　謂以往的錯誤。❿自反　反省自己；反躬自問。⓫抗　不順從。引申為態度傲慢。⓬遜下　謙遜處下。⓭構　造成。⓮敵難　敵對；怨仇。難，怨仇。⓯溷　混亂；混濁。⓰怨憾　仇恨；怨恨。⓱舋　仇隙；爭端。⓲端末　始末；開端與結束。⓳校報　採取同樣的手法報復。校，通「效」。效法。⓴交氣疾爭　負氣而竭力相爭。交氣，鬥氣；以氣相爭。㉑易口而自毀　變用別人的嘴來詆毀自己。易，變換。㉒貸手以自毆　借用別人的手來毆打自己。貸，借。㉓惑繆　迷亂；荒謬。繆，通「謬」。㉔原　推原；推究。㉕躬自　親自；自己。㉖變訟　發生爭辯。㉗內恕　內心寬厚。㉘望　怨望；怨恨。㉙疾　妬忌。㉚曲理虧。㉛見輕　被輕視。㉜咎　過失；錯誤。㉝鈞　通「均」。均等；相等。㉞近次　略次於。㉟雋　通「俊」。才智出眾。㊱憊　疲乏。㊲藺相如句　藺相如是戰國時趙國大臣，因完璧歸趙和在澠池大會上挫敗秦國陰謀功封上卿，位居大將廉頗之上。廉頗不服，欲辱相如。藺相如以國家利益為重，退避忍讓，不與計較，終使廉頗愧悟，負荊請罪，二人結為刎頸之交。事見《史記・廉頗藺相如列傳》。迴車，掉轉車頭。指藺相如車乘被廉頗有意阻攔時，為避免爭執，引車避讓事。㊳寇恂句　寇恂字子翼，東漢大臣。任穎川太守期間，執金吾賈復的部將殺人，寇恂依法誅之。賈復深以為恥，揚言：「今見恂，必手劍之！」寇恂效法藺相如故事，不與相鬥。後在光武帝劉秀的調解之下，二人拋棄前嫌，結為好友。事見《後漢書・鄧禹寇恂列傳》。㊴物勢之反　謂事物發展會轉向反面。㊵道　事物發展的規律。㊶卑讓　謙遜退讓。㊷屈讐　使仇敵屈服。讐，仇敵。㊸後嗣　後代。㊹宣　傳布。㊺裕　寬大；寬裕。

【語譯】然而，爭勝好強的人還是不以為然。他們認為官居在前是迅捷進取，官居在後則是停滯不前、不思上進。他們以謙虛處下為卑賤委屈，以逾越等級為卓異不凡，以寬容對手為含垢受辱，以凌犯上司為高強剛厲。因此，他們高亢激奮、一意孤行而不能反躬自問。他們以高傲的態度對待賢德之人，對方謙恭禮讓，還不至於惹上麻煩；他們以高傲的態度對待暴烈之人，勢必結成怨仇，釀成禍患。而一旦結成怨仇，是非混淆，道理難明，這與自我毀傷有什麼區別呢？況且，別人詆毀你，總是由細小的私怨發展而成大的爭端。為了詆毀，對方必然要依託於某件事情，編造得活靈活現。聽的人雖然不一定完全相信，但仍將信將疑。而自己攻擊報復對方，也採用同樣的手法。其結果是雙方的說法各有一半被人相信。相信的程度，因遠近親疏關係的不同而有所區別。因此，負氣而激烈相爭的人，如同是借別人的口來詆毀自己；滔滔不絕競相指責對方的人，如同是借別人的手來毆打自己。這樣做，豈不是糊塗荒謬到了極點嗎？而究其原因，難道會有重責己過，以致演變成爭端的道理嗎？這些爭端，都是由於自己內心不夠寬厚，對待別人怨恨不已而引起的。或是怨恨別人輕視了自己，或是忌妬別人勝過了自己。倘若我自身淺薄而被人輕視，那是因為自己理曲而對方理直；倘若我自身賢能而人家不了解我，那麼，被人輕視就不是我的過錯；倘若人家賢能位居我前，那是因為我自身的道德修養還未達到人家的高度；倘若雙方的德行基本相等而人家位居我先，那是因為相比之下我的德行與他還有一些差距，這有什麼可以抱怨的呢？而兩個德才兼備的人一時難分高下，那麼，能謙讓的人為優；俊彥之士相爭一時難辨伯仲，那麼，竭力奮爭的為次。因此，藺相如以引車避讓不與廉頗相爭而勝過廉頗，寇恂以大度能容不與賈復爭鬥而賢德超過賈復。事物發展到一定程度就會轉向它的反面，這就是君子所說的「道」。君子知道屈可以轉化為伸，因而容忍屈辱而不加抗拒；知道卑謙退讓可以戰勝對手，因而屈己尊人毫不遲疑。待到最後，終於轉禍為福，化敵為友。使怨仇泯滅，不延續於後世，而美名傳布，以至無窮。君子之道難道還不夠寬宏博大嗎？

且君子能受纖微之小嫌❶，故無變鬥❷之大訟❸。小人不能忍小忿❹之故，終有赫赫❺之敗辱。怨在微而下之，猶可以為謙德❻也。變在萌❼

而爭之，則禍成而不救矣。是故陳餘❽以張耳之變，卒受離身❾之害；彭寵❿以朱浮⓫之郄⓬，終有覆亡之禍。禍福之機⓭，可不慎哉！是故君子之求勝也，以推讓為利銳⓮，以自修為棚櫓⓯，靜則閑嘿泯⓰之玄門⓱，動則由恭順之通路。是以戰勝而爭不形⓲，敵服而怨不構。若然者悔恡⓳不存于聲色⓴，夫何顯爭之有哉？彼顯爭者，必自以為賢人，而人以為險詖㉑者。實無險德㉒，則無可毀之義㉓。若信㉔有險德，又何可與訟乎？險而與之訟，是柙兕而攖虎㉕，其可乎？怒而害人，亦必矣！《易》曰：「險而違者，訟㉖。」「訟必有眾起㉗。」《老子》曰：「夫惟不爭，故天下莫能與之爭。」㉘是故君子以爭途之不可由也。

【注釋】❶嫌　仇怨；仇恨。❷變鬪　即鬥變，私鬥。《漢書．尹翁歸傳》：「奴客持刀兵入市鬪變，吏不能禁。」顏師古注：「變，亂也。」黃侃《讀漢書後漢書札記》：「漢時稱私鬪曰鬪變，或曰變鬪。」❸訟　爭論；訴訟。❹忿　怨恨；忿怒。❺赫赫　慘烈貌。❻謙德　謙恭禮讓之德。❼萌　原指草木發芽，引申為初始階段。❽陳餘　秦末大梁人，好儒術，與同邑張耳為生死之交。陳勝起兵，慕陳、張名，拜為左右校尉，領兵協助武臣攻趙。陳、張立武臣為趙王，共事之。秦二世三年九月，秦將章邯圍趙王歇與張耳於鉅鹿，陳餘坐視不救，二人失和。後張耳投奔劉邦，與韓信率軍破趙，斬陳餘於泜水之上。事見《史記・張耳陳餘列傳》。❾離身　身首相離。指被斬首。❿彭寵　東漢初南陽宛人，字伯通。更始時為漁陽太守，後歸劉秀，封建忠侯，賜號大將軍。與幽州牧朱浮有隙。朱浮多次譖告，彭寵遂不得志。後舉兵攻朱浮，兵敗為家奴所殺，宗族遭夷滅。⓫朱浮　東漢初沛國蕭人，字叔遠。光武帝拜為大將軍幽州牧。入為執金吾、大司空。好陵轢同列。後為人所告，賜死。⓬郄　通「卻」。空隙；裂縫。引申為感情上的裂痕。⓭機　事物變化的關鍵。⓮利銳　猶銳利。指克敵致勝的銳利武器。⓯棚櫓　謂隱蔽防身之所。棚，即棚閣，又稱敵樓，古代城牆上建置的閣樓，可避風雨。士卒居之，以臨禦外敵。櫓，沒有頂蓋的望樓。又指作戰時用的一種大盾。⓰嘿泯　寂然不語。嘿，不出聲。泯，滅。⓱玄門　玄妙之門。指高深的境界。⓲不形　不顯露。⓳悔恡　悔恨。恡，疑為「悋」之誤。⓴聲色　說話的聲音與臉色。㉑險詖　亦作「險陂」。陰險邪僻。㉒險德　背棄道德。㉓義　道理；理由。㉔信的確；確實。㉕柙兕而攖虎　比喻十分危險的事情。柙，關押野獸、牲畜的籠子。兕，一種像野牛的動物。一說為雌性犀牛。攖，迫近；觸犯。㉖險而違者訟　《周易・訟》：「上剛下險，險而健，訟。」疏曰：「猶人意懷險惡，性又剛健，所以訟也。」本文「違」字，當為「健」字之誤。㉗訟必有眾起　語出《周易・序卦》，意思是：爭訟必定由眾人引起。㉘老子曰三句　語出《老子・第二十二章》，意思是：因為他不與人相爭，所以天下沒有人贏得了他。

【語　譯】況且君子能夠忍受細微的仇隙，所以不會演化為大的訟事。小人則由於不能容忍小的怨忿，終於釀成慘重的失敗，引來奇恥大辱。仇怨出現微小徵兆時，就以謙恭退讓的態度相對待，還不失有謙遜的美德。事變處在萌芽狀態時，就爭執不下，那麼，災禍的發生就不可避免了。因此，陳餘由於張耳投漢生變，終被殺戮，身首分離。彭寵因為與朱浮結下怨仇，最後慘遭覆滅的災禍。由此看來，在禍福轉化的關鍵之處，不可不謹慎對待啊！因此，君子求取勝利的方法，是以推辭謙讓為銳利武器，以加強自我修養為遠害防身的法寶。靜止的時候沉默不語，高深莫測；行動的時候，沿著恭謹順達的道路，暢通無阻。所以，戰勝對手不靠有形的爭鬥，而要使敵人心裡服輸不結下仇隙怨恨。如果能做到這些，悔恨之情不流露於說話的聲音與臉色上，怎麼還會執意相爭呢？那些喜好同別人爭鬥的人，必定自以為是賢人，而在別人看來，他們都是些邪惡之徒。如果說他們的品行並不邪惡，自然就沒有被人詆毀的理由；如果說他們的品行確實邪惡，又怎麼可以與他們爭辯呢？知道他們邪惡又與之爭辯，就好比是冒著生命危險去關押犀牛和觸怒老虎，這樣做妥當嗎？犀牛和老虎發起怒來傷人，結果必定如此。《易經》上說：「內心險惡，性又剛健，是訟的卦象。」「爭訟必定是由眾人引起的。」《老子》說：「因為不與人相爭，所以天下沒有人爭得贏他。」因此，君子認為，爭名奪利的道路是不可行的。

是以越俗乘高❶，獨行於三等之上。何謂三等？大無功而自矜，一等；有功而伐之，二等；功大而不伐，三等。愚而好勝，一等；賢而尚人❷，二等；賢而能讓，三等。緩己急人❸，一等；急己急人，二等；急己寬人，三等。凡此數者，皆道之奇、物之變也。三變而後得之，故人莫能遠也。夫唯知道通變者，然後能處之。是故孟之反❹以不伐獲聖人之譽，管叔❺以辭賞受嘉重之賜。夫豈詭遇❻以求之哉？乃純德❼自然之所合也。彼君子知自損之為益，故功一而美二。小人不知自益之為損，故一伐而並失。由此論之，則不伐者，伐之也；不爭者，爭之也；讓敵者，勝之也；下眾者，上之也。君子誠能覩爭途之名險，獨乘高於玄路❽，則光暉煥❾而日新，德聲倫❿於古人矣。

【注釋】❶越俗乘高　超越眾俗，登臨高處。乘，登上。❷尚人　超過別人。尚，高出；在……之上。❸緩己急人　對自己放鬆，對別人嚴格。緩，寬；鬆。急，嚴；緊。❹孟之反　春秋時魯國人，名側，字反。哀公十一年，齊魯交戰，魯師敗績，孟之反為魯軍斷後拒敵。將入城時，用馬鞭抽打坐騎，說：「不是我敢於斷後，是這匹馬不往前跑。」孟之反不誇耀自己的功勞，因此受到孔子的讚揚。《論語・雍也》：「子曰：孟之反不伐，奔而殿，將入門，策其馬曰：『非敢後也，馬不進也。』」❺管叔　當指三國魏北海人管寧，德行卓異，有賢名。魏文帝徵為太中大夫，魏明帝又徵為光祿卿，並辭不受。❻詭遇　謂以不正當的手段達到目的。❼純德　高尚純正之德。❽玄路　玄遠之路。❾煥　鮮明；光亮。❿倫　倫比；等同。

【語譯】因此，君子超越眾俗，登臨崇高的境界，特立獨行於三等人之上。什麼叫作「三等」呢？沒有功勞卻自高自大，這是一等；有一點功勞，但愛自吹自擂，這是二等；功勞雖大，但從不炫耀，這是三等。愚昧無知而爭強好勝，這是一等；雖然賢能但恃才自傲，總想居人之上，這是二等；賢能明達而又謙恭禮讓，這是三等。對己放縱，對人苛求，這是一等；對己嚴格，對人亦嚴，這是二等；嚴於律己，寬於待人，這是三等。凡此種種情形，都是為人之道的獨特表現形式和事物發展變化的必然結果。一個人經歷由下而上三個層次的演變，才能登臨崇高的境界，這是常人難以達到的，只有通曉事物發展變化規律的人，才能處在上等的位置。所以，孟之反因為不誇耀自己的功勞而獲得孔聖人的讚譽，管叔因推辭封賞而受到嘉美厚重的恩賜，這難道是靠不正當的手段能夠謀得的嗎？這是純正完美的德行自然發展而形成的結果。那些才德兼備的君子，知道自我貶抑對自己是有益處的，因此，能以一分功勞，獲得二分的成功。見識淺薄的人，不明白自我標榜的害處，因此，一經誇飾炫耀，就會行毀而名喪。由此說來，不自誇有功的，實際上顯現了自己的功勞；不爭名奪利的，實際上獲得了名利；寬容對手的，實際上戰勝了對手；甘居人下的，實際上擡高了自己。君子如果能看清爭名奪利路途上的種種險惡，獨登高處，行進在玄遠的大道上，就能夠神彩煥發，日日更新，賢德的名聲堪與古代聖賢相媲美。

【研析】爭強好勝是社會的通病，也是偏才之人常有的弱點。劉邵從人才學的觀點出發，剖析了這一通病的種種弊端，指出：不爭不伐，是人際關係中必須遵循的基本準則，也是加強自身修養，取得事業成功的關鍵所在。劉昞注解篇名說：「賢善不伐，況小事乎？釋忿去爭，必荷榮福。」

文章首先指出了不伐與自矜的利弊得失，指出：「善以不伐為大，賢以自矜為損」，並引用虞舜、商湯等人的例子，說明「卑讓降下者，茂進之遂路也；矜奮侵陵者，毀塞之險途也」這一道理。針對人際關係的現實狀況，劉邵歸納了兩種截然不同的處世哲學：君子謙遜識禮，注重內在的修養，「內勤己以自濟，外謙讓以敬懼」，因此，不致引起積怨，牽惹上災禍，而榮顯福祥，通達於長久。小人則不然，他們「矜功伐能，好以陵人」，因此遭人嫉恨，「在前者人害之，有功者人毀之，毀敗者人幸之」。兩種截然不同的處世態度，兩種截然不同的結局，孰優孰劣，孰高孰低，是再清楚不過的了。

其次，文章分析了「好勝之人」的心理特點。他們「以在前為速銳，以處後為留滯，以下眾為卑屈，以躡等為異傑，以讓敵為迴辱，以陵上為高厲」，交氣疾爭，一意孤行而不能自拔。在這種錯誤思想的支配之下，他們善惡不分，是非難明，其結果必然構成激烈的矛盾衝突，最終毀滅了自己。劉邵認為，好勝之心的根源，在於「內恕不足，外望不已」。即內心不夠寬容，對人則苛求不已。他分析了爭勝好強之人的種種心理障礙，指出：「怨彼輕我」與「疾彼勝己」，都是不可取的。在劉邵看來，只有遇事不爭的人，才能贏得競爭者的心悅誠服。他舉戰國時趙國大臣藺相如顧全大局不與廉頗爭高下，和東漢初大將寇恂不與同僚賈復爭能而化解矛盾獲得賢名的例子，說明：「兩賢未別，則能讓者為雋矣。爭雋未別，則用力者為僊矣。」他認為，君子之道，就在於能夠謙遜禮讓，這是以屈為伸、以退為進、卑讓勝敵、轉禍為福、屈敵為友、化干戈為玉帛的金丹妙藥，再次闡明了爭與不爭的辯證關係。

《老子・第二十二章》中說：「不自見，故明；不自是，故彰；不自伐，故有功；不自矜，故長。夫唯不爭，故天下莫能與之爭。」老子的上述思想，正是本篇的中心議題。只是劉邵在闡述老子道家思想時，又加進了儒家「謙讓」的成分，更注重於聯繫社會實際，注重於闡明無形之爭。他說：「不伐者，伐之也；不爭者，爭之也；讓敵者，勝之也；下眾者，上之也。」不爭，不是示弱，不是無所作為、任人宰割，不爭的目的是達到大爭。這種無形之爭是爭的高級形態，是「戰勝而爭不形，敵服而怨不構」，是爭的極致。不爭，只是一個人應取的態度，以這種謙遜的態度對待紛繁複雜的外部世界，其結果是達到理想的彼岸，這也正是劉邵反覆強調的「聰明平淡」的具體表現。在這裡，劉邵將儒家思想與道家思想自然而然地揉合在一起，也可以說是推陳出新吧。

劉邵將常人分成「大無功而自矜」、「有功而伐之」、「功大而不伐」三等，他理想中的人物，「獨立於三等之上」。他們功勞雖大而不誇耀，賢明通達而能謙遜禮讓，既寬於待人，又嚴於律己，像春秋時魯國的孟之反那樣。劉邵認為這種深明道理的純德之人才是真正的強者。

須指出的是，在〈釋爭〉篇精妙絕倫的論述之中，我們也不時會感受到那麼一點超然時俗之外的說教，如「君子之求勝也，以推讓為利銳，以自修為棚櫓，靜則閉嘿泯之玄門，動則由恭順之通路」，「君子誠能覩爭途之名險，獨乘高於玄路，則光暉煥而日新，德聲倫於古人矣」。通過這些不和諧的音響，我們不難發現三國時期殘酷的政治鬥爭對人們思想的禁錮和影響，這從一個側面反映了那個時期思想領域的真實狀況。

附錄

阮逸〈人物志序〉

人性為之原，而情者性之流也。性發於內，情導於外，而形色隨之。故邪正態度，變露莫狀，溷而莫睹其真也。惟至哲為能以才觀情索性、尋流照原，而善惡之迹判矣。聖人沒，諸子之言性者各膠一見，以倡惑於後，是俾馳辨鬥異者得肆其說，蔓衍天下。故學者莫要其歸，而天理幾乎熄矣。予好閱古書，於史部中得劉邵《人物志》十二篇，極數萬言。其述性品之上下、才質之兼偏，研幽摘微，一貫於道，若度之長短、權之輕重，無銖髮蔽也。大抵考諸行事，而約人於中庸之域，誠一家之善志也。由魏至宋，歷數百載，其用尚晦而鮮有知者。吁！可惜哉！殉蟲篆淺技，無益於教者，猶刊鏤以行於世。是書也，博而暢，辨而不肆，非眾說之流也。王者得之，為知人之龜鑑；士君子得之，為治性脩身之檄栝，其效不為小矣，予安得不序而傳之？媿夫良金美玉，籝櫝一啟，而觀者必知其寶也。

文寬夫題記

右《人物志》三卷、十二篇，魏劉邵撰。案隋、唐〈經籍志〉，篇第皆與今同，列于名家。十六國時，燉煌劉昞重其書，始作注解。然世所傳本多謬誤。今合官私書校之，去其複重附益之文，為定本。內或疑字無書可證者，今據眾本皆相承傳疑難，輒意改云。邵之敘五行曰：「簡暘而明砭，火之德也。」徧檢書傳，無明砭之證。案字書，砭者，以石刺病，此外更無他訓。然自魏晉以後，轉相傳寫，豕亥之變，莫能究知。不爾則邵當別有異聞，今則亡矣。愚謂「明」、「砭」都無意義，自東晉諸公草書「啟」字為然，疑為「簡暢而明啟」耳。文寬夫題。

宋庠記

劉邵，字孔才，廣平邯鄲人也。建安中為計吏，詣許。太史上言：正旦當日蝕。邵時在尚書令荀彧所，坐者數十人，或云當廢朝，或云宜却會。邵曰：「梓慎、裨竈，古之良史，猶占水火錯失天時。《禮記》曰：諸侯旅見天子，及門不得終禮者四，日蝕在一。然則聖人垂訓，不為變豫廢朝禮者，或災消異伏，或推衍謬誤也。」或善其言，敕朝會如舊，日亦不蝕。魏黃初中，為尚書郎、散騎侍郎。受詔集五經群書，以類相從，作《皇覽》。後與議郎庾嶷、荀詵等，定科令，作《新律》十八篇，著《律畧論》。遷散騎常侍。嘗作〈趙都賦〉，明帝美之，詔卲作〈許都〉、〈洛都賦〉。時外興軍旅，內營宮室，卲作二賦，皆諷諫焉。景初中，受詔為《都官考課》，卲作七十二條及〈畧說〉一篇。又以謂宜制禮作樂，以移風俗，著《洛論》十四篇。正始中，執經講學，賜爵關內侯。凡所撰述，《法論》、《人物志》之類百餘篇。卒，追贈光祿勳。詔書博求眾賢，散騎侍郎夏侯惠上疏，盛稱卲才。史臣陳壽亦曰：「卲該覽學籍，文質周洽」云。

劉昞，字延明，燉煌人也。年十四，就博士郭瑀。瑀弟子五百餘人，通經業者八十餘人。瑀有女始笄，妙選良偶，有心於昞。遂別設一席，謂弟子曰：「吾有一女，欲覓快女婿。誰坐此席者，吾當婚焉。」昞遂奮坐，神志湛然，曰：「昞其人也。」瑀遂以女妻之。昞後隱居酒泉，不應州郡命，弟子受業者五百餘人。李暠據涼州，徵為儒林祭酒從事郎。暠好尚文典，書史穿落者親自補葺。昞時侍側，請代其事。暠曰：「躬自執者，欲人重此典籍。吾與卿相遇，何異孔明之會玄德？」遷撫夷護軍，雖有政務，手不釋卷。暠曰：「卿注記篇籍，以燭繼晝，白日且然，夜可休息。」昞曰：「『朝聞道，夕死可矣』，『不知老之將至』，孔聖稱言。昞何人斯？敢不如此！」昞以三史文繁，著《畧記》百三十篇、八十四卷，《燉煌實錄》二十卷，《方言》三卷，《靖恭堂銘》一卷。注《周易》、《韓子》、《人物志》、《黃石公三畧》，行於世。沮渠蒙遜平酒泉，拜秘書郎，專管注記，築陸沈觀於西苑，躬往禮焉。號玄處先生，學徒數百，月致羊酒牧犍，尊為國師，親自致拜，命官屬以下皆北面為業。魏太武平涼州，士庶東遷，夙聞其名，拜樂平王從事中郎。後思歸，道病，卒。

以上並案邵、昞本傳，刪取其要云。廣平宋庠記。

王三省〈序人物志後〉

余嘗三復《人物志》，而竊有感焉。夫人德性資之繼成，初未始有異也，而終之相去懸絕者，醇駁較於才，隆汙判諸習。曰三品，曰五儀，胥是焉，而賢不肖殊途矣。是以知人之哲，古人難之。言貌而取人者，聖人弗是也。茲劉邵氏之有以志人物也乎，修己者得之以自觀，用人者持之以照物，烏可廢諸？然用舍之際，人才之趨向由之，可弗慎乎？精於擇而庸適其能，篤於任而弗貳以私，則真才獲用，大猷允升矣。其或偏聽昡志，而用不以道，動曰才難，吾恐蕭艾弗擇，魚目混珍也。左馮翊王三省識。

鄭旻〈重刻人物志跋〉

劉邵《人物志》凡十二篇，辨性質而準之中庸，甄才品以程其職任。事核詞章，三代而下，善評人品者，莫或能踰之矣。邵生漢末，乃其著論體裁，纚然有荀卿、韓非風致，而亹亹自成一家言。即九徵八則之論，質之孔孟觀人之法，唐虞九德之旨，自有發所未發者。後世欲辨官論才，惡可以不知也。顧其書獲見者少，又脫落難讀。大中丞真定梁公，持節鉞拊鎮中州，熊車所莅，吏稱民安。爰覓善本，加訂正，刻之宋郡，用以傳之人人。授簡屬吏旻綴一言于末簡。旻得卒業，反復〈流業〉篇、國體、器能之說，深有味乎其言之也。今中丞公厲風俗，正天下，謀廟勝，三才允兼。至其振策群吏，惟器所適，靡不奮力展采，兢兢罔敢怠遑，總達眾才至矣。異日秉鈞當軸，將使官不易方，而太平用成，知人安民之道，拭目身親見之。邵之志，何幸獲酬於公哉！刻成輒忘固陋，僭書識刻之歲月，覽者當知言之非佞云。

隆慶六年壬申，仲夏之吉，歸德府知府揭陽鄭旻謹書。

新譯李商隱詩選
新譯范文正公選集
新譯蘇洵文選
新譯蘇軾文選
新譯蘇軾詞選
新譯蘇轍文選
新譯曾鞏文選
新譯王安石文選
新譯唐宋八大家文選
新譯柳永詞集
新譯李清照集
新譯辛棄疾詞選
新譯陸游詩文選
新譯歸有光文選
新譯唐順之詩文選
新譯徐渭詩文選
新譯薑齋文集
新譯顧亭林文集
新譯方苞文選
新譯袁枚詩文選
新譯聊齋誌異選
新譯聊齋誌異全集
新譯閱微草堂筆記
新譯浮生六記
新譯弘一大師詩詞全編

教育類

新譯爾雅讀本
新譯顏氏家訓
新譯聰訓齋語
新譯曾文正公家書
新譯三字經
新譯百家姓
新譯幼學瓊林
新譯增廣賢文・千字文
新譯格言聯璧

歷史類

新譯史記
新譯漢書
新譯後漢書
新譯三國志
新譯資治通鑑
新譯史記——名篇精選
新譯尚書讀本
新譯周禮讀本
新譯逸周書
新譯左傳讀本
新譯公羊傳
新譯穀梁傳
新譯春秋穀梁傳
新譯戰國策
新譯國語讀本
新譯說苑讀本
新譯新序讀本
新譯吳越春秋
新譯西京雜記
新譯列女傳
新譯越絕書
新譯燕丹子
新譯東萊博議
新譯唐六典
新譯唐摭言

宗教類

新譯金剛經
新譯高僧傳
新譯碧巖集
新譯百喻經
新譯楞嚴經
新譯梵網經
新譯法句經
新譯六祖壇經
新譯禪林寶訓
新譯維摩詰經
新譯經律異相
新譯阿彌陀經
新譯無量壽經
新譯妙法蓮華經
新譯景德傳燈錄
新譯大乘起信論
新譯釋禪波羅蜜
新譯八識規矩頌
新譯永嘉大師證道歌
新譯華嚴經入法界品
新譯地藏菩薩本願經
新譯悟真篇
新譯无能子
新譯坐忘論
新譯列仙傳
新譯抱朴子
新譯神仙傳
新譯性命圭旨
新譯老子想爾注
新譯周易參同契
新譯道門觀心經
新譯養性延命錄
新譯樂育堂語錄
新譯沖虛至德真經
新譯長春真人西遊記
新譯黃庭經・陰符經

地志類

新譯山海經
新譯水經注
新譯佛國記
新譯大唐西域記
新譯洛陽伽藍記
新譯徐霞客遊記
新譯東京夢華錄

政事類

新譯商君書
新譯鹽鐵論
新譯貞觀政要

軍事類

新譯孫子讀本
新譯司馬法
新譯尉繚子
新譯三略讀本
新譯六韜讀本
新譯吳子讀本
新譯李衛公問對